文化创意企业
财务困境
预警研究

邹耀 著

RESEARCH ON EARLY WARNING OF
FINANCIAL DISTRESS OF CULTURAL AND
CREATIVE ENTERPRISES

经济管理出版社
ECONOMY & MANAGEMENT PUBLISHING HOUSE

图书在版编目（CIP）数据

文化创意企业财务困境预警研究 / 邹耀著. -- 北京：
经济管理出版社，2024. -- ISBN 978-7-5243-0098-4

Ⅰ. G124

中国国家版本馆 CIP 数据核字第 2024RH9911 号

责任编辑：钱雨荷
责任印制：许　艳
责任校对：陈　颖

出版发行：经济管理出版社
　　　　　（北京市海淀区北蜂窝 8 号中雅大厦 A 座 11 层　100038）
网　　址：www.E-mp.com.cn
电　　话：(010) 51915602
印　　刷：唐山昊达印刷有限公司
经　　销：新华书店
开　　本：720mm×1000mm/16
印　　张：12.75
字　　数：170 千字
版　　次：2025 年 1 月第 1 版　2025 年 1 月第 1 次印刷
书　　号：ISBN 978-7-5243-0098-4
定　　价：68.00 元

前　言

　　近年来，我国文化创意产业发展迅速，日益成为我国的战略性新型产业，对于推动产业结构转型升级，经济高质量发展，满足人民群众日益增长的精神文化需求具有重要作用，是构建国家软实力的重要组成部分。文化创意企业是文化创意产业的微观基础，是创新创意的源头。文化创意产品和服务生产的主体是推动文化创意产业快速发展的重要支撑力量。但是，由于我国文化创意企业资产以专利、版权、商标和品牌等无形资产为主，这些无形资产的价值难以衡量和管理，因此在财务报表中通常不能得到充分体现，使企业在融资方面面临一定困难。同时，由于文化创意企业的规模通常比较小，其运营成本较高，生产效率和规模经济的优势有限，因此难以实现成本的有效控制。此外，由于行业竞争激烈，文化创意企业需要不断地进行创新和开发新产品或服务，这需要投入大量的人力、财力和物力，加重了企业的财务负担。而文化创意企业通常面对的市场较为特殊，市场需求和消费者偏好也比较难以把握和预测，企业的市场前景和销售收入也具有一定的不确定性，从而加大了企业的经营风险。因此，进行文化创意企业财务困境预警有助于企业管理者、投资者以及其他利益相关者更加准确地评估文化创意企业的财务状况，减轻企业财务困境风险给企业管理者、投资者以及其他利益相关者带来的不利影响，实现多赢。

本书以国内外关于企业财务困境预警的理论和方法为基础，对文化创意企业财务困境预警进行系统研究，本书试图通过规范分析和实证分析相结合的方式，分析文化创意企业的发展特点，财务困境的特征、成因以及风险特征，构建文化创意企业财务困境预警指标体系，并分别采用传统的 Logistic 回归模型和属于人工智能的随机森林模型进行企业财务困境的预警分析，并对各个模型的预警性能进行了对比分析，形成了一套相对合理的文化创意企业财务困境预警框架。本书的主要内容如下：

第一，对我国文化创意企业财务困境现状进行分析。文化创意企业是国民经济的重要组成部分，以创意、知识等无形资产为核心资产，企业具有高收益和高风险特征，企业发展呈现集聚发展趋势并伴随数字经济的发展加速数字化转型。分别从区域和资产规模两个角度分析了文化创意企业财务困境的特征。从区域来看，文化创意产业上市公司多分布在东部地区，多达 404家，中部和西部地区数量相当，分别为 43 家和 46 家。中部地区文化创意企业发生财务困境的样本比例较高，达到了 16.28%；东部地区次之，约为4.7%；而西部地区较低，约为 2.17%。具体到各省份来看，根据 Z 评分模型，河北、湖北、青海、新疆和云南 5 个省份的文化创意企业发生财务困境的风险较高，属于高风险程度。广西、贵州、辽宁、陕西和西藏 5 个省份属于中风险程度。① 北京、上海、福建、广东和浙江等 18 个省份属于低风险程度。从企业资产规模来看，文化创意企业资产规模在 5 亿元以下，发生财务困境的风险较高，属于较高风险等级，5 亿~10 亿元资产规模的属于高风险

---

① 相关统计数据来自于国泰安数据库，根据数据库中各省文化创意企业上市公司数据进行的统计，部分省份暂时没有文化创意企业上市公司，故只统计了 28 个省份。

等级，10亿~30亿元属于中风险等级，30亿元以上属于低风险等级。文化创意企业财务困境的成因主要包括宏观经济环境、企业财务状况和内部治理，而其财务困境风险具有隐蔽性、持续性和波及面较大等特征。

第二，对文化创意企业财务困境预警指标体系的构建。在构建文化创意企业财务困境指标体系过程中，首先对现有的指标体系进行了梳理，指出了现有指标体系存在的问题，提出文化创意企业财务困境预警指标体系的设计方案，包括设计思路和基本结构。然后，提出文化创意企业财务困境指标设置的原则，针对文化创意企业特性，将无形资产占比、知识产权保护水平、高等教育人数比例等指标纳入研究中，最终选取了16个财务指标和19个非财务指标。最后，对指标体系进行分析，包括描述性统计分析和显著性分析等。鉴于文化创意企业陷入财务困境的t年之前就有相应迹象，为了更早地识别相应风险，对35个指标变量进一步按照t-m（m=1，2，3，4）年分别进行显著性分析。显著性分析结果显示，（t-1）年有显著性指标28个，（t-2）年有显著性指标31个，（t-3）年有显著性指标30个，（t-4）年有显著性指标29个。

第三，构建传统的Logistic回归模型进行文化创意企业财务困境预警研究。先设置逻辑模型变量、进行模型设计，然后对评价指标进行分析和预警结果分析。通过实证研究发现，在加入非财务指标前，模型（t-1）年和（t-2）年的准确率、召回率、精确率、AUC值和F1得分、BS值均好于（t-3）年和（t-4）年，其中（t-2）年的F1得分、召回率和AUC值好于（t-1）年，其他指标与（t-1）年相差不大。在加入非财务指标后，模型的召回率、精确率、F1得分、ACU值以及BS值都要优于未加入非财务指标前。总体来看，无论是否纳入非财务指标，（t-2）年数据集的预警性能最佳，其次是（t-1）年。而在加入非财务指标后，模型的整体性能要好于未加入之前，验证了非财务指标对于提升模型性能的有效性。

第四，鉴于文化创意企业样本数据的非平衡性，构建了基于随机上采样的随机森林模型。先对模型的变量设定、模型的设计以及模型的评价指标进行分析；然后基于文化创意企业数据进行实证分析。研究结果显示，模型在召回率、F1 得分、Ⅱ类错误、G-mean 和 AUC 值等多个指标上均优于逻辑回归（LR）、人工神经网络（ANN）、随机森林（RF）等模型，而在 Ⅰ类错误上略弱于其他模型，但是对于不平衡数据集，Ⅰ类错误的作用要小于Ⅱ类错误；同时，在引入非财务指标后，该模型仍然在多个指标上优于其他模型，且优于未加入非财务指标的模型。再次证明非财务指标对于提升模型预警性能的重要作用。

第五，文化创意企业财务困境影响重要性分析。通过 Logistic 回归分析和特征重要性分析发现，在（t-1）年，企业的资产负债率、流动比率等偿债能力，资产报酬率、营业利润率、净资产收益率等盈利能力指标，总资产增长率、净资产增长率等反映企业成长能力指标，企业的股权制衡度、审计意见类型、代理成本、受过高等教育人数比例、知识产权保护水平以及市场化指数等非财务指标对于文化创意企业财务困境预警具有重要作用。而在（t-2）年，资产报酬率、净资产收益率、营业利润率、销售净利率等盈利能力指标，资产负债率、无形资产比率等企业偿债能力，净资产增长率、净利润增长率、总资产增长率等反映企业成长能力指标，以及企业股权制衡度、审计意见类型、高管平均学历、年报披露时间间隔、GDP 增长率和知识产权保护水平等非财务指标对于企业财务困境预警具有重要作用。

综合来看，本书通过文献分析法、实证分析法以及对比分析法，对于文化创意企业财务困境预警进行了系统的研究。本书主要的创新如下：

第一，丰富了文化创意企业的研究内容，发展了风险管理理论。通过相关文献梳理发现，对于文化创意企业财务困境的相关研究较少，本书将企业财务困境研究引入文化创意企业领域，丰富了文化创意企业的相关研究。同时，企业财务困境预警也是企业风险管理的重要内容，本书从文化创意企业所在地区和资产规模两个角度实证分析了企业财务困境的分布特征，并分析了企业财务困境的成因、指标体系构建以及预警模型，发展了风险管理理论。

第二，完善了文化创意企业财务困境预警指标体系。目前的企业财务困境指标体系更多地集中于财务变量，较少关注非财务指标变量。针对文化创意产业特性，本书在纳入企业财务指标的基础上，进一步将与文化创意企业发展紧密相连的知识产权保护、科教文卫支出占比、受过高等教育人数比例等非财务指标引入到预警模型中，包括为后续相关研究提供了借鉴和参考。

第三，本书有效降低了企业财务困境的预测误差，从而降低了对文化创意企业财务困境的误判风险。一方面，通过将企业财务数据和宏观经济变量等非财务数据引入风险预警模型，提升了预警的准确性和时效性，使预警模型更全面、综合地评估文化创意企业财务状况；另一方面，针对财务困境数据的分布极度不平衡问题导致的随机森林预警模型的不准确，本书引入随机上采样算法有效降低了对困境企业的误判率，也为金融风险控制等领域提供了有益的参考。

第四，有效分析了文化创意企业财务困境影响因素的重要性。现有关于企业财务困境预警的研究中多关注于模型性能的提升和优化，较少关注模型中指标变量的重要性问题。本书分别基于 Logistic 回归和随机森林模型对指标变量在（t-1）年和（t-2）年的显著性和重要性进行了分析。通过对于指标变量的分析，企业管理者、投资者和企业其他利益相关者可以采取针对性举措，避免企业财务状况的进一步恶化。

目　录

第一章 绪论

一、研究背景

随着我国经济发展水平日益提高，人民群众的收入逐年增长，其对于精神文化产品和服务的需求越来越强烈。文化创意产业作为精神文化产品和服务的主要供给源，也受到越来越多的关注。文化创意产业的发展对于推动我国社会主义文化大发展、大繁荣，增强文化自信具有重要意义，也是发扬中华民族传统文化，使其屹立于世界文化之林的重要前提。我国经济正处于高质量发展阶段，文化创意产业对于推动我国产业结构转型升级，促进经济的高质量发展具有重要作用（熊正德，2018；张苏缘和顾江，2022），日益成为我国居民消费结构升级和经济增长的新亮点。

在国家宏观政策的有力支持和有效引导下，我国文化创意产业发展迅速，新业态、新模式层出不穷，特别是伴随互联网技术的赋能，文化创意产业与科技融合速度加快，数字文化创意产业日益成为新的发展趋势。国家统计局相关数据显示，2020 年我国实现了文化及相关产业增加值约 4.49 万亿元，占国民生产总值的比重达到了 4.43%（见图 1-1），比 2010 年 GDP 的占比提升了 1.68%。从图 1-1 中也可以发现，虽然 2020 年我国文化及相关产业增加值占 GDP 的比重相较 2018 年和 2019 年有所下降，但是 2016~2020 年文化及相关产业增加值总体上呈现上升趋势。文化创意企业作为文化创意产业的微观组成部分，是推动产业转型升级，促进经济发展，满足人民群众日益增长的精神文化需求的基础。文化创意产业的发展繁荣应是基于文化创意企业的可持续发展。

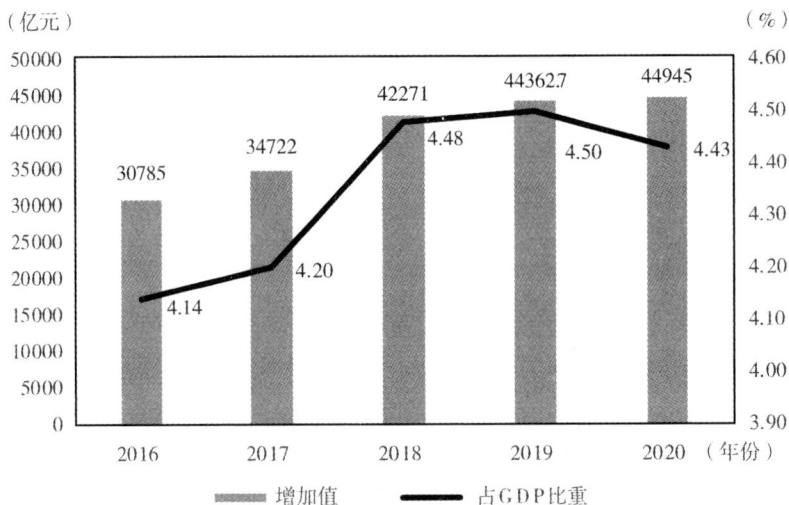

图 1-1　2016~2020 年我国文化及相关产业增加值和其 GDP 占比

资料来源：中华人民共和国国家统计局。

当今世界正在经历百年未有之大变局，国际风云突变，不确定性和不稳定性因素日益增长，深刻地影响着世界经济的稳定发展。同时，随着我国对文化创意产业的发展日益重视，文化创意企业如雨后春笋般发展迅速，企业数量越来越多，市场竞争也变得越来越激烈，加上文化创意企业产品或服务的市场需求不稳定，企业通常面临融资困难，使企业客观上面临着陷入财务困境的风险。企业财务困境的预测在经济发展和决策中具有重要意义。文化创意企业的经营状况不仅关系到企业本身的发展、员工和股东的权益，而且关系到关联产业发展，以及投资者和其他利益相关者。要想及时有效地预测文化创意企业的财务困境，企业的管理者可以在危机发生前采取相应的补救措施，避免危机的进一步恶化，维护企业员工和股东的利益，投资者也可以及时掌握企业的经营状况，及时调整投资策略，以减少未来可能的投资损失。

为了有效避免企业财务困境的发生，保护投资者和其他利益相关者的权益，我国相继出台了一系列企业财务风险监管制度。1998 年 4 月 22 日，沪深交易所实行 ST 制度，以表明上市公司财务异常状况。实行 ST 制度的目的是向管理者和投资者发出警告，并利用外部机制迫使企业采取相关措施改善企业经营状况，提高企业的经营绩效，以避免陷入财务困境或破产边缘。如果企业被"特殊处理"则预示着该企业将面临财务危机。根据我国证券交易所的交易原则和规则，一般有以下三种情况可以将一家企业指定为 ST：一是上市公司的净利润连续两年都是负值；二是上市公司的股东权益低于注册资本；三是由于自然灾害、严重事故或诉讼和仲裁，一家公司的运营已经停止，在未来三个月内没有恢复运营的希望。一般采用三种等级标识预示上市公司的财务风险状况，即 ST、*ST 和 S*ST。ST 表示连续两年因亏损导致的退市警告，*ST 表示连续三年因亏损导致的退市警告，S*ST 表示尚未进行股权重组的 *ST 企业。根据中国证监会规定，如果一家 ST 企业不能在未来三年内改善其业绩，该企业将被标注为 PT（特殊转让），并可能从股票市场中退市。一旦公司被摘牌，股权和债权人将面临严重损失。因此，提前识别可能被标注为 ST 或 *ST 的企业是投资者的一项重要活动。

文化创意产业上市公司同样也面临着陷入财务困境的局面。文化创意产业中企业资产以专利、商标、品牌、知识产权等无形资产为主，其价值难以估量，往往具有一定的不确定性，并且会随着市场环境的变化、消费者需求的变动而发生一定的波动，而这种波动性会影响企业的财务状况，若处置不当，难免会使企业陷入财务困境。文化创意企业的产品或服务在能够带来高收益的同时，从研发到投放市场的过程中也存在一定的风险和不确定性。文化创意产品或服务在研发阶段面临的失败风险源于从研发到投放市场的过程中消费者习惯的变迁。种种风险和不确定性增加了文化创意企业面临财务困境的可能性。企业陷入财务困境往往意味着企业经营不善，进而会损害企业的信誉，降低投资者对于企业发展的信心，加剧文化创意企业面临的融资困境，更有可能直接导致企业破产。

近年来，随着信息技术的发展，企业相关数据的可得性不断提高，为了推动文化创意企业的可持续发展，更好维护企业投资者、员工、股东和其他利益相关者的权益，对文化创意企业财务困境进行预警成为必然选择。通过建立文化创意企业财务困境预警模型，实时监测企业的生产经营状况，可以及时发现危及企业正常经营管理的因素，在该危机因素尚未恶化之前采取及时有效的措施进行干预，减少甚至避免其对企业财务状况带来的不利影响。本书在大量阅读国内外相关企业财务困境预警研究的基础上，结合文化创意企业的特性，构建文化创意企业财务困境预警指标体系和预警模型，以期为企业管理者、投资者和其他利益相关者提供参考和借鉴。

关于文化创意企业财务困境预警的相关研究较少，无论是财务困境指标体系还是预警模型都难以满足现实的需求。有关文化创意企业财务困境指标体系的构成、采用何种方法对指标进行进一步筛选、如何对文化创意企业财务困境进行预警等问题都需要进一步探究和实证分析。通过对上述问题的回答，不仅可以丰富企业财务风险相关研究，拓展财务困境预警模型的应用范围，而且具有一定的实践参考意义。

二、研究问题与意义

（一）研究问题

文化创意企业财务困境预警是企业保持经营状况稳定、维护利益相关者权益的重要基础和保障。本书探究在新时代背景下如何预警文化创意企业财务困境，围绕这一主题，本书提出了以下几个研究问题：

1. 文化创意企业财务困境现状分析

关于文化创意企业财务困境现状分析的相关研究较少，投资者等利益相关者对于企业财务状况了解有限。而对于投资者、政府和其他利益相关者而言，了解文化创意企业的财务困境现状至关重要，这可以帮助他们评估企业的整体状况、潜在风险，从而更好地作出投资等相关决策。而对于文化创意企业管理者而言，了解企业财务困境现状可以帮助他们更好地了解相关挑战和问题，以便采取相关措施规避风险。

2. 文化创意企业财务困境预警指标体系的构建

文化创意企业具有不同于其他企业的相关特征，在构建企业财务困境预警指标体系的过程中要结合文化创意产业特性进行选取。同时，对构建的文化创意企业财务困境指标体系进行描述性统计分析和显著性检验，探究哪些预警指标体系的预警贡献较大，以便企业管理者和投资者等可以更好地应对相关风险。

3. 文化创意企业财务困境预警

基于文化创意企业财务困境指标体系，构建风险预警模型是企业财务困境风险管理的重要环节。如何根据收集而来的相关信息构建文化创意企业财务困境预警模型，预测企业陷入财务困境的可能性，为企业管理者和投资者等采取相关决策提供依据？此外，针对构建性能较好的文化创意财务困境预警模型，如何识别出其中对于预警模型性能影响较大的指标变量，以便为文化创意企业在经营管理方面，以及投资者等其他利益相关者作出决策更具有针对性？

4. 文化创意企业数据非平衡问题

通过对文化创意企业财务困境数据集进行分析发现，整个样本集中出现"ST"或"*ST"的文化创意企业仍然占据少数，而非ST样本数则较多。数据的不平衡问题将影响模型的性能，因此应如何处理数据的不平衡问题，构建更为有效的文化创意企业财务困境预警模型是值得研究的问题之一。

(二) 研究意义

1. 理论意义

第一，财务困境是企业管理过程中面临的一个重要问题，越来越受到学术界和业界的重视，现有关于企业财务困境的研究成果较多，但多数研究集中于制造业上市公司或其他类型的上市公司，较少涉及文化创意类公司。本书在对文化创意企业发展特点归纳总结基础上，从企业所在区域和企业资产规模两个角度分析了文化创意企业财务困境特征，并研究了企业财务困境的成因和风险特点，为相关研究奠定基础。

第二，文化创意企业中企业资产以无形资产为主，同时具有企业规模较小、高风险和高收益等特性，使企业面临着相较于一般企业更大的财务风险。但是目前有关文化创意企业财务困境的研究较少，缺乏识别企业财务困境和管理等具有指导意义的理论基础。本书在借鉴相关研究的基础上，对影响文化创意企业财务困境的因素进行分析，将财务困境预警模型应用到文化创意企业，扩展了模型应用范围，对于推动财务困境预警理论发展具有重要意义。

第三，针对文化创意财务困境预警，本书首先运用 Kolmogorov-Smirnov（以下简称"K-S 检验"）和 Mann-Whitney U 两个非参数检验进行文化创意企业财务困境预警指标变量的显著性检验。其次结合传统的 Logistic 回归模型和属于人工智能方法的随机森林模型（ROS-RF）等方法进行文化创意企业财务困境的预警研究，并针对数据不平衡问题，通过随机上采样改进随机森林模型，提高了模型的相关性能指标。最后分析模型中的重要性特征，为文化创意企业财务困境管理提供了新的研究思路。这些研究在一定程度上丰富了财务风险预警研究。

2. 现实意义

第一，从文化创意企业的角度来看，构建文化创意企业财务困境预警模型可以较为清晰地了解企业管理对于企业陷入财务困境的概率和导致企业陷入财务困境的因素的重要性，针对企业财务困境预警系统发出的预警提示，及时采取相关措施，纠正企业经营管理中的偏差，维护企业的财务状况稳定。同时可以为文化创意企业管理者更加精准地采取相应措施避免企业陷入财务困境提供参考。

第二，对于投资者而言，仅仅依赖于中国证监会制定的 ST 制度进行投资决策，往往为时已晚。因此上市公司由于自身财务状况出现问题才会被特殊处理，这时的信息属于事后信息。因此为了更好地维护投资者的利益，需要在投资决策制定前了解文化创意企业的财务状况。通过文化创意企业财务困境预警，投资者可以提前确定企业的财务情况，预判企业的发展前景，降低投资者出现重大投资决策失误的可能性，在保证投资者利益的前提下，扩展了投资者的业务范围。此外，通过随机采样解决文化创意企业样本不平衡问题和在预警模型中引入非财务指标，可以提升预警模型的性能，从而为投资者更好地对文化创意企业进行投资提供指导。

第三，对于政府部门和监管部门来说，防范和化解金融风险是政府和监管部门的重要工作。企业刚开始出现财务恶化迹象时，往往会采取相应手段进行遮掩，使监管机构难以及时发现相应信息，通过文化创意企业财务困境预警可以使监管机构及时发现企业出现财务困境的相关迹象，提前采取相应措施，避免资本市场出现恐慌情绪，进而营造良好的金融市场发展秩序。此外，政府可以通过文化创意财务困境预警及时掌握企业发展状况，通过制定相应的税收和财政优惠政策，推动文化创意产业发展，从而满足人民群众日益增长的精神文化需求。

三、研究目标与内容

（一）研究目标

本书通过对文化创意企业财务困境预警相关理论和实证进行分析，探究了造成文化创意企业财务困境的原因，并对企业发生财务困境的可能性进行了预测。市场信息千变万化，文化创意企业为了更好地预见可能发生的财务困境，需要构建一个有效的预警模型，为企业管理者及时发现风险信号并采取相应干预措施提供参考，同时为投资者等其他利益相关者提供决策支持。通过分析影响文化创意企业财务困境的因素，构建财务困境预警指标体系，并通过 K-S 检验和 Mann-Whitney U 非参数检验对预警指标体系进行了显著性分析，并应用 Logistic 回归模型和 ROS-RF 模型预警分析文化创意企业财务困境。为了更加精准地采取相应措施来避免文化创意企业财务困境的发生，需要精准识别对于财务困境影响较为重要的指标。本书通过特征重要性选择，选择出影响文化创意企业财务困境预警性能较为重要的指标变量。通过理论和实证分析相结合的方法，预测文化创意企业发生财务困境的可能性，并有针对性地提出相应的改进措施。通过预警分析可以发现加入非财务指标的可行性，并验证不同预测年度的模型性能差异，弥补了国内外学者在此领域研究的不足之处。同时因为不同年份的预测模型性能和指标变量的重要程度也不同，所以也可以为文化创意企业、投资者和监管机构等在应对财务困境的过程中采取相应措施提供借鉴。

（二）研究内容

本书在充分总结前人研究的基础上，分析了文化创意企业财务困境现状、构建文化创意企业财务困境预警指标体系、基于传统的 Logistic 回归模型和人工智能方法 ROS-RF 模型对文化创意企业财务困境进行的预警分析，主要围绕以下几个方面展开研究：①分析文化创意企业发展特征、财务困境公司特征、企业财务困境的成因和风险特征。②针对文化创意企业财务困境预警指标体系，识别其中较为显著和相关性较低的指标变量。③引入非财务变量后，考察模型的预警性能变化状况。④针对文化创意企业数据不平衡问题进行处理。⑤对于预警模型中较为重要的特征进行筛选。通过对以上几个方面的分析，丰富了企业财务困境预警研究的相关成果。本书的具体内容和结构安排如下：

第一章：绪论。首先，探究了研究背景、问题和意义，重点对研究的思路进行解析，包括文化创意企业财务困境现状分析、企业财务困境预警指标体系构建、基于传统的 Logistic 回归模型和人工智能方法 ROS-RF 模型对文化创意企业财务困境进行预警。其次，梳理研究的目标、主要内容、研究方法和技术路线。最后，分析和归纳研究的创新点。

第二章：理论基础与文献综述。首先，系统梳理牵涉到的相关理论，包括风险管理理论和企业预警理论等。其次，对文化创意产业相关研究和文化创意企业相关研究等方面进行研究综述，文化创意产业相关研究内容包括文化创意产业概念辨识、文化创意产业竞争力评价、产业集聚、其他产业融合发展等内容，文化创意企业相关研究内容包括文化创意企业绩效、投融资问题等。对企业财务困境的相关研究进行综述，主要内容包括企业财务困境的概念识别和预警等。最后，对相关研究进行述评和总结，归纳现有研究的不足，为本书奠定理论和文献基础。

第三章：文化创意企业财务困境现状分析。首先，分析我国文化创意企业发展特点。其次，从区域分布和企业资产规模两个角度分析了文化创意企业财务困境特征，进行了企业财务困境的总体评估。最后，分析了文化创意企业财务困境的成因和风险特点，为下文相关研究奠定了基础。

第四章：文化创意企业财务困境预警指标体系构建。首先，对现有的企业财务困境预警指标体系的构成进行分析并指出现有体系的不足。其次，提出了文化创意企业财务困境预警指标体系的设计方案，包括指标体系的设计思路和基本结构。再次，构建文化创意企业财务困境预警指标体系，包括指标体系的设置原则、财务指标和非财务指标的确定等。最后，对文化创意企业的预警指标体系进行预处理，包括描述性统计以及不同时期指标的显著性检验等。

第五章：基于 Logistic 回归模型的文化创意企业财务困境预警研究。首先，对 Logistic 回归模型的构建进行了分析，包括模型的变量设定、模型设计。其次，基于 Logistic 回归模型对文化创意企业财务困境进行预警分析，包括对预警结果的评价指标设置和预警结果分析。最后，进行回归分析，识别出对文化创意企业财务困境影响显著的指标变量。

第六章：基于 ROS-RF 模型的文化创意企业财务困境预警研究。首先，对 ROS-RF 模型进行构建，包括模型的变量设定、ROS-RF 模型的设计以及模型的评价指标分析。其次，基于 ROS-RF 模型对文化创意企业财务困境预警模型进行实证分析，分为财务指标的预警模型分析和引入非财务指标后的预警模型实证分析。最后，基于 ROS‑RF 模型性能，选择（t‑1）年和（t‑2）年预警指标进行特征重要性分析。

第七章：结论与展望。首先，对本书的结论进行总结和分析；其次，就研究结论从文化创意企业、投资者、政府部门等层面提出相应的管理启示；最后，提出本书研究仍然存在的不足之处及未来的研究方向。

四、研究方法与技术路线

（一）研究方法

针对我国文化创意企业财务困境预警研究中存在的问题，综合运用了统计学、经济学、管理学等学科的知识和方法，在借鉴前人研究的基础上进行了全书的研究。本书所使用的研究方法主要有：

1. 文献分析法

通过对文化创意产业、文化创意企业、企业财务困境预警等相关领域的国内外文献进行梳理研究，总结了相关领域的研究现状、存在问题和未来可能的研究方向，从而为理论和实证研究的开展奠定文献基础。

2. 理论分析法

风险管理理论、企业预警理论等相关理论为后续研究奠定了理论基础。风险管理理论是企业管理者进行风险识别、预测并采取相应措施阻止财务恶化的重要理论基础，是组织管理职能发挥作用的重要组成部分。根据企业预警理论，针对文化创意企业财务困境问题，建立企业财务困境预警模型并进行了实证分析。

3. 实证分析方法

在文献分析和理论分析的基础上，对收集到的数据进行分析和处理，运用 SPSS、Stata 软件初步处理数据，包括描述性统计、K-S 检验和 Mann-Whitney U 非参数检验等分析；运用 Python 和 Matlab 等软件建立文化创意企业财务困境预警模型，包括 Logistic 回归模型和 ROS-RF 模型，并进行实证分析，验证预警模型的性能。

4. 比较分析法

对比文化创意企业在 t-m（m=1，2，3，4）年陷入财务困境的可能性。此外，对比企业财务困境模型在加入非财务指标前后的模型性能变化情况。主要通过准确率、精确率、召回率、F1 值、BS 值、AUC、一类错误、二类错误以及 G-mean 值等性能评价指标对不同的模型性能进行比较。

（二）技术路线

根据国内外相关研究的最新进展，本书以推动文化创意企业的健康可持续发展为研究背景，分别从文化创意企业财务困境现状分析、财务困境预警指标体系的构建、财务困境预警模型三个方面对文化创意财务困境问题进行相关研究。具体的技术路线如图 1-2 所示。

```
┌─────────────────────────────────────────────────────────────────┐
│                              绪论                                  │
│  ┌────────┐   ┌──────────┐   ┌──────────┐   ┌────────────┐       │
│  │ 研究背景 │→ │研究问题与意义│→ │研究目标与内容│→ │研究方法与创新点│     │
│  └────────┘   └──────────┘   └──────────┘   └────────────┘       │
└─────────────────────────────────────────────────────────────────┘
```

绪论
研究背景 → 研究问题与意义 → 研究目标与内容 → 研究方法与创新点

理论基础与文献综述
相关理论基础 → 文化创意产业和企业相关研究 → 企业财务困境相关研究 → 文化创意企业财务困境相关研究及研究评述

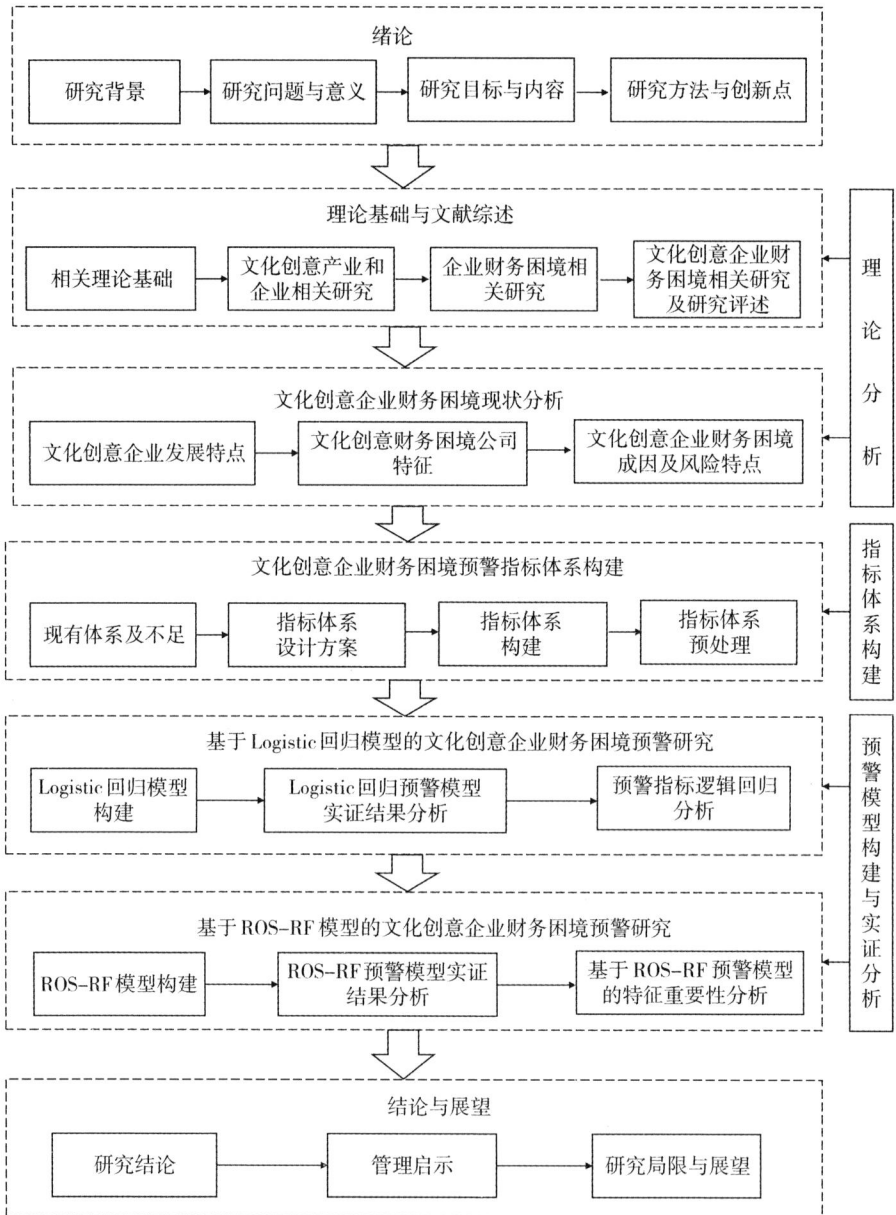

文化创意企业财务困境现状分析
文化创意企业发展特点 → 文化创意财务困境公司特征 → 文化创意企业财务困境成因及风险特点

理论分析

文化创意企业财务困境预警指标体系构建
现有体系及不足 → 指标体系设计方案 → 指标体系构建 → 指标体系预处理

指标体系构建

基于 Logistic 回归模型的文化创意企业财务困境预警研究
Logistic 回归模型构建 → Logistic 回归预警模型实证结果分析 → 预警指标逻辑回归分析

基于 ROS-RF 模型的文化创意企业财务困境预警研究
ROS-RF 模型构建 → ROS-RF 预警模型实证结果分析 → 基于 ROS-RF 预警模型的特征重要性分析

预警模型构建与实证分析

结论与展望
研究结论 → 管理启示 → 研究局限与展望

图 1-2　技术路线

五、创新点

本书在分析文化创意企业财务困境现状的基础上，系统梳理文化创意企业财务困境相关影响因素，构建企业财务困境 Logistic 回归预警模型和 ROS-RF 预警模型进行实证分析。本书的创新点可以概括为以下几个方面：

（1）国内外针对企业财务困境预警的相关研究较多，但是专门针对文化创意企业的相关研究较少。本书将财务困境预警研究引入文化创意企业领域，拓展了企业财务困境预警的应用领域，丰富了文化创意企业的研究内容。同时，也丰富了风险管理相关研究内容，风险管理是企业财务管理的重要组成部分之一，风险管理水平高低直接关系到企业的健康发展。我国文化创意企业具有起步较晚、规模较小、资产以无形资产为主等特点，企业的经营状况易受到各种内外部因素的影响，从而出现经营困难，进而可能使企业陷入财务困境，影响企业的正常发展。

（2）完善了文化创意企业财务困境预警指标体系。通过对相关文献的阅读和梳理发现，现有的企业财务困境指标体系更多的是针对制造业或整个 A股上市公司，较少构建针对文化创意企业的财务困境预警指标体系。与此同时，多数研究未将企业内部指标变量和宏观经济变量等非财务指标纳入预警指标体系中。本书在已有研究的基础上，不仅检验了财务指标对于文化创意企业财务困境预警的重要性，而且探讨了非财务指标对于财务困境预警性能的提升作用。同时，结合文化创意产业特性，将无形资产比率、知识产权保护水平、科教文卫支出占比、高等教育人数比例等与文化创意企业发展息息相关的指标变量加入已有的指标体系中，从而丰富了文化创意企业财务困境预警指标体系，为后续相关研究提供了借鉴和参考。

（3）有效改进了文化创意企业财务困境预警模型性能。本书主要通过以下途径增强模型的预警性能：一方面，将企业内部指标变量和宏观经济变量等非财务指标引入财务困境预警模型，提升了模型准确度。另一方面，针对文化创意企业数据不平衡问题，将随机上采样（Random Over-sample）引入到随机森林模型中，有效改进了文化创意企业财务困境预警模型。此外，基于 ROS-RF 模型探讨了（t-1）年和（t-2）年文化创意企业财务困境预警指标的相对重要性，识别了影响文化创意企业财务困境较为重要的特征，为应对可能的企业财务困境提供一定的借鉴和参考。

第二章 理论基础与文献综述

本章主要分析文化创意企业财务困境预警研究的理论基础和相关文献。主要内容包括：对本书涉及的理论基础进行介绍，主要包括风险管理理论、企业预警理论；对文化创意产业和文化创意企业相关研究进行综述，包括文化创意产业概念辨识和发展相关研究综述，文化创意企业绩效、投融资等问题研究综述；对企业财务困境相关文献进行研究，包括对企业财务困境的概念界定、企业财务困境影响因素以及预警模型等进行综述；对文化创意企业财务困境预警相关研究进行综述；归纳总结相关研究。

一、相关理论基础

（一）风险管理理论

风险管理理论最早可以追溯到"管理理论之父"、法国管理大师亨利·法约尔提出的经营管理六大职能中的安全管理。组织的安全管理可以帮助企业避免和控制相关风险的发生，保证企业的正常、安全运转。此后，从安全管理逐渐衍生出来了风险管理。20 世纪中期，随着工业化的快速推进，风险管理开始广泛应用于企业的生产经营活动中，特别是化工、石油、航空等高风险行业，风险管理更是成为企业管理的重要组成部分。美国学者格拉尔所著的《风险管理》一书被认为是现代风险管理理论的重要里程碑之一，书中提出一种综合的风险管理方法，强调企业应将风险管理作为一项全面的管理活动，受到了美国管理协会等组织的认可。美国学者威廉姆斯和汉斯所著的《风险管理与保险》一书系统介绍了风险管理的基本理论和实践技巧，认为风险管理的目标就是减少风险和相关的经济损失，实现经济利益最大化，其过程主要有风险识别、分析、评估、控制和监测等。随后风险管理的相关著作相继问世，进一步推动了风险管理成为一门学科并受到重视。风险管理一词包含两层含义：一是风险，风险在经济学上就是不确定性，出于外在或内在原因使经济活动参与者的收益具有不确定性。从狭义上讲，风险就是损失，即经济活动参与者无法从中获取收益。从广义上讲，风险是不确定本身，它可能会产生三种结果，即获取收益、承受损失和无收益也无损失。二是进行管理，包括识别、评估和控制可能存在的风险因素，以确保其有效性。因此，风险管理涉及从风险的识别和评估，到风险的应对和预防等一系列管理活动，其本质上就是对各种风险因素的管理活动。国内学者宋明哲（2003）认为，风险管理就是要通过对风险采取识别、防控等措施，以较小的付出将可能的经济效益损失降低到最小的管理实践。

起初，进行风险管理的目的较为单一，就是解决企业日常经营中存在的不利因素。随着风险管理实践和理论的发展，其重要性日益凸显，风险管理越来越影响着企业的健康发展。Gleason（2001）认为风险管理较为重要，并将风险管理过程归纳为风险的测度、预警、控制和防范等。Elahi（2013）认为风险管理能力是企业竞争力的重要一方面，将风险管理上升到战略层面。Emblemsvag（2010）为了解决风险定性管理面临的不一致问题，给出了增强主观风险管理的方法。Pyle（1999）概述了银行风险管理的一些理论基础，并分析了银行风险管理的重要性以及银行面临的风险因素。曹元坤和王光俊（2011）认为，风险管理实质上是多种风险管理活动的综合体，经历了从保险和财务层面的风险管理，到整体层面的风险管理活动。根据严复海等（2007）的综述，风险管理发展经历了传统、现代和全面三个阶段，并对风险管理的未来发展趋势进行了分析。随着研究的深入，风险管理的应用场景日益丰富，不再局限于企业和金融机构的风险管理，还包括其他组织甚至是区域风险的管理，例如张向前和陈娜（2015）分析了海西经济区域创新型人才流动风险管理问题。

在风险管理过程中，首先应该识别相关风险因素，即企业对于自身所处的内外部环境中存在的不确定性要素通过列举法、流程图法等进行分析，确认这些要素的成因和特征。其次是对风险的评估，一般采用定量的方法对风险发生的概率或导致的损失进行测度，常见的方法包括传统的逻辑回归（Logistic Regression，LR）、判别分析法等，以及人工智能方法中的人工神经网络（ANN）模型，支持向量机（SVM）模型和随机森林（RF）模型。最后是对风险采取的防范措施，在风险识别和评估后，制定相应的措施避免或降低风险概率，减少损失。一般认为风险的防范较为复杂，在风险的识别和评估之后，要针对不同的风险因素采取对应的策略。

（二）企业预警理论

预警最早使用在军事、气象和地质灾害等领域，主要用来提前发现、分析和判断可能发生的异常状况，及时向相关部门报告异常情况，以便采取针对性措施来降低可能发生的风险。随着相关技术的发展，原本用于军事、气象和地质灾害等领域的预警逐渐扩大到社会经济生活等领域。企业预警是指在企业经营过程中，通过一系列的指标和方法，提前发现可能的风险和问题，从而采取相应的措施加以应对和化解。主要包括预警指标体系构建、预警模型建立、预警系统建设等工作。

在经济领域中，预警包括宏观和微观两个层面，例如社会失业率的预警就是宏观经济预警的一个方面，而企业预警就是微观经济预警的一个方面。第二次世界大战后，美国是使用经济预警的先驱，最早的宏观经济预警系统是在20世纪30年代由美国统计学家使用多指数综合方法——扩散指数来实现的。60年代，人们开始采用合成指数法来搭建预警系统。从1970年后，随着信息识别技术的发展和相关理论的研究深入，经济预警系统逐渐成形，经济预警系统的范围也逐渐从美国扩展到世界其他地区。1979年，美国全国经济研究（NBER）和哥伦比亚大学商学院美国国际经济循环研究中心合作，共同开发了国际经济指数系统，该系统可用于监测西方工业国家的景气状况。随着宏观经济研究逐渐向微观经济研究过渡，不少学者开始重视企业预警系统的研究。Laitinen 和 Chong（1999）聚焦了一项关于中小企业失败原因的研究，调查了芬兰公司和美国银行，发现中小企业失败的主要原因是管理能力不足、现有的会计系统存在缺陷以及企业员工的工作态度存在一定问题。Patrick（1932）首次采用单一的财务比率来进行企业财务风险预警。Altman（1968）提出一种名为 Z-Score 的模型，用于判断企业的财务状况是否处于失败或者破产的边缘。Aziz 和 Lawson（1989）提出了一种模型，模型利用企业现金流来预测企业是否会陷入财务困境。自20世纪80年代中期以来，我国开始探索建立宏观经济运营状况监测、预警系统。其中，国家统计局从 1998 年开始每季度进行的企业景气调查，包括企业景气指数和企业家信心指数，这是我国宏观经济运行状况监测预警体系中的一个关键组成部分。胡意等（2020）利用灰色预测模型方法对广东省湛江市一些高新技术企业未来的发展趋势进行了预测。杨贵军等（2019）以我国 A 股上市公司为研究对象，将 Benford 律引入 Logistic 回归模型对企业发生财务风险的可能性进行预测，结果显示构建的 Benford-Logistic 预警模型提升了预测的准确性。

二、文化创意产业相关研究

学术界主要集中研究文化创意产业概念和发展相关问题，例如对于文化创意产业的内涵和外延进行界定，分析文化创意产业发展面临的现状和问题，探究文化创意产业与其他产业的关系、融合发展等。

（一）文化创意产业概念辨识

创意产业的相关概念最早出现在英国。英国文化部于 2001 年出台了《创意产业路径文件》，该文件对创意产业进行了定义，认为创意产业是源于个人创造力、技能和才能，通过创造和利用知识产权创造财富并增加就业机会的产业。尽管英国文化部对创意产业的定义存在一些问题，特别是在论述文化生产的创意本质方面，但该部门的定义仍然为这个领域提供了一个基本框架，并且这个定义仍然是迄今为止最被广泛接受的，受到全世界决策者的高度关注（Lee 和 Drever，2013）。创意经济、创意产业和文化产业等相关概念在很大程度上有重叠之处，但也存在一些差异（Markusen 等，2008）。尽管这些术语经常被交替使用且在很大程度上相互关联，但它们强调的重点略有不同。例如，创意经济通常指创意产品和服务在经济中的作用，而创意产业侧重于商业活动和利润。文化产业则更广泛地涵盖了艺术、文化和创意等方面。在这些术语中，创意产业作为新的经济形态经常在相关研究中被提及，其价值体现在生产和消费过程中的文化和创意元素，与技术创新紧密相关（Mueller 等，2009；Mossig，2011；He，2013）。文化经济学家约翰·霍金斯（Howkins，2002）作为创意产业的奠基人之一，将创意产业定义为那些能够受到知识产权保护的经济部门，其中的产品或服务具有独特的创新和创意。Caves（2000）从文化经济学视角对创意产业进行了界定，他将提供具有广义文化、艺术或娱乐价值的产品或服务的产业称为文创创意产业。Oakley（2006）认为文化创意产业和创意产业在更广泛的范围内基本上具有相似的内涵。Towse（2010）认为，随着后工业时代的到来，知识产权保护变得越来越重要，因此知识和人力资本的价值也越来越受到关注，将文化产业和艺术产业归类为创意产业也是很合理的。

近年来，随着我国经济社会取得长足发展，国家为鼓励文化创意产业发展，出台了一系列扶持政策，文化创意产业迅速崛起，同时也引起了学术界的关注，越来越多的学者将研究聚集于文化创意产业上。荣跃明（2004）认为创意产业的本质是在知识产权保护、技术进步和金融支持等发展基础上，位于整个价值链的高端并向下渗透到其他产业中，对于生产过程中的利润分配起决定性作用的产业。金元浦（2006）指出，文化创意产业源于创意产业，后者强调创新、个人创造力以及文化艺术对经济发展的推动作用。厉无畏和王慧敏（2009）认为创意产业的核心增长要素是人的创造力，并总结了创意产业的六大特点，分别是渗透性、强辐射性、高科技含量、高风险、高增值性和独创性。刘利永等（2010）认为，从创意产业形成的背景角度出发，文化创意产业的本质特征在于提供差异化的精神体验。刘奕（2012）对文化创意产业的内涵进行了界定，认为文化创意产业的价值体现在文化积累和科技发展所激发的创意。同时，创意产业强调人的创造力，以及创意对其他产业的渗透，而不是简单地复制文化产品。

通过国内外学者对文化创意产业的不同定义可以发现，目前还未形成对文化创意产业的统一认知，但可以看出大多数学者认为创意产业源于文化产业，而且创意产业与文化创意产业的内涵基本上相似，并且在我国一般称文化创意产业的居多。本书认为文化创意产业以文化元素为基础，结合个人的创意和创新，进而创造出以知识产权为主导的产品或服务，旨在满足市场消费者需求，从而推动相关产业发展、经济增长和就业增长。在本书中，借鉴前人研究成果，不再区分文化产业和创意产业等，将其统称为文化创意产业。

（二）文化创意产业发展相关研究

围绕文化创意产业发展的相关研究，通过相关文献检索可以发现，主要集中在产业竞争力、产业集聚发展和与其他产业的融合发展等方面。

近年来，随着我国文化创意产业在推动经济增长和推动产业结构转型过程中的作用越来越显著，从中央到地方越来越重视推动文化创意产业发展。这也驱使着学术界开始探究文化创意产业的竞争力来源。夏恩君和桑珊飞（2015）基于前人的文化产业竞争力影响因素，构建了经济指标、人力资本指标、产业特征指标、社会制度指标和技术指标五个一级指标和15个二级指标，对我国 21 个城市的文化产业竞争力进行了综合评价。李伟娟和魏振香（2016）对黄河三角洲地区的六个城市的文化创意产业的竞争力进行综合评价，并提出了各城市差异化发展的政策建议。王健（2016）从政府政策、相关产业发展、企业战略、生产要素等方面评价了藏族文化创意产业竞争力状况并提出了一些政策建议。刘键和白素霞（2021）从教育、创新、成长等五个方面采用贝叶斯网络模型评价了中国、美国等七个国家的数字创意产业竞争力现状。郑奇洋等（2021）以长三角地区 11 个城市为研究对象，采用物元分析法对 11 个城市的文化产业竞争力进行了分析。

在产业发展中，产业集聚是一种重要的推动形式。随着文化创意产业研究的深入，越来越多的学者开始探究文化创意产业集聚发展。王慧敏（2012）认为我国文化创意产业发展正处于起步阶段，而集聚发展是产业起步发展的普遍形式，并以上海为例，概述了文化产业集聚区发展的演进过程。姜玲和王丽龄（2016）以北京市文化创意产业发展为例，验证全面集聚给产业发展带来的效益，发现文化产业集聚整体上能够产生积极效益，在某些细分领域则表现出非线性影响。吴丹丹等（2018）利用杭州市文化创意企业的空间分布数据，分析了杭州市文化创意产业的集聚特征和时空格局变迁。曹如中等（2022）基于长三角城市群的文化创意产业发展的面板数据，通过区位熵发现长三角文化创意产业呈空间集聚发展态势，而且这种集聚态势对于本地、周边城市和整个长三角地区经济发展具有积极效应。叶前林等（2022）采用区位熵测算了长江经济带 11 个省份的不同文化创意产业聚集度水平，并通过实证发现资源禀赋、人力资本等因素对于产业集聚水平具有显著的积极影响，而潜在市场、基础设施、地区包容度以及政策扶持等不具有统计学上的显著性。

　　文化创意产业脱胎于文化产业，居于整个产业链的顶端并具有较强的渗透性。文化创意产业与其他产业的融合发展日益成为推动产业转型发展的重要动力。张弘和昝杨杨（2017）以北京市文化创意产业为研究对象，发现科技创新、市场需求、企业间竞争合作和政策是推动产业融合发展的影响因素并提出相应对策建议。曹祎遐和耿昊裔（2017）以上海制造业为例，面对其发展趋势，建议将创意设计要素引入制造业，推动上海制造业转型升级。柳执一（2019）认为文化产业与科学技术的深度融合是推动文化创意发展的重要因素，并提出了文化和科技未来深度融合的重要抓手。郭洪豹和张捷（2022）将文化创意产业融合进乡村振兴中，探索其融合路径并提出了相关的融合建议。

　　此外，关于文化创意产业的相关研究还有知识产权保护、发展模式以及协同创新等。刘亚军（2015）认为知识产权保护是文化创意产业发展的根本保障，同时在认定知识产权时应先确定具有知识产权基因的文化创意产业产品的存在。高长春和江瑶（2016）以安徽省为例，研究发现知识产权保护水平的提升对于文化创意产业集聚具有显著的正向影响。马苹（2019）剖析了大连市文化创意产业创新发展的模式，并提出了五个保障区域文化产业创新发展模式顺利运营的对策建议。王毅和廖卓娴（2019）在分析湖南省文化创意产业基地发展现状的基础上，提出了园区升级发展的实现途径以及政策建议。郭园和时新（2015）认为协同创新是摆脱文化创意微型企业面临的技术和资源等困境的重要途径。

三、文化创意企业相关研究

（一） 文化创意企业

文化创意企业是以创意和知识产权为基础，结合先进的信息科学技术，通过生产和销售创意产品或服务以满足公众精神文化消费需求的经济组织。作为一种较为新型的组织形态，文化创意企业相对于传统企业而言，一般具有科技含量高、创意集中、资产较轻以及知识较为密集等特点。

文化创意企业的分类源于文化产业的分类，不同国家对文化创意产业的概念界定不同，进而对文化创意产业范畴也有差异化分类，在学术界也存在不同的讨论。在欧洲，文化产业通常被视为创意产业的核心组成部分，同时包括信息通信技术和软件业，这一分类方式也受到联合国贸易和发展会议、联合国教科文组织等的认可。相比之下，美国则将版权产业认定为文化创意产业，主要包括核心版权产业（如电影、视频、音乐和艺术）、相互依存的版权产业（如消费电子产品、乐器等）以及部分版权产业（如建筑、软件和服装）。新加坡在综合欧洲和美国的文化创意产业分类后认为文化产业是创意产业的核心，但文化产业被认定为版权产业的一部分。Throsby（2001）提出的同心圆模型将创意产业划分为核心部门、泛核心部门以及相关部门。美国政府采用的版权模式特别注重知识产权的保护。通过以上分析可以发现，不同国家、地区和组织对于文化创意产业的概念界定和行业分类存在分歧。

一般认为，文化创意企业的组成范围较为广泛，包括核心组成部门的文化和艺术部门，例如艺术、时尚、音乐、媒体和电影制作等企业，也包括一些技术密集型的产业，例如信息通信技术、软件、互联网和设计等企业。

（二）文化创意企业绩效相关研究

随着我国经济发展转变为创新驱动，文化创意企业的地位和作用日益凸显。学者对文化创意企业的相关研究越来越热络，其中文化创意企业绩效是学者关注的热点问题之一，主要从宏观和微观两个层面探讨文化创意企业绩效影响因素。

就宏观层面而言，江瑶和高长春（2018）从创意流动角度，探讨了我国创意产业空间集聚对于企业绩效的倒"U"形关系，开始会显著提升，在突破 2.17 临界点后会显著降低企业绩效。谷永芬等（2020）探究了信贷扶持与文化创意企业绩效之间的关系，发现文化创意企业信贷资金的增长可以显著提升企业的收入和净资产收益率。朱云杰等（2021）关注了政府补贴对于我国上市文化传媒类企业创新绩效的影响，研究发现政府的创新补贴并非越多越好，尽管可以显著提高文化创意企业的财务绩效，但与企业的创新绩效存在倒"U"形关系。

就微观企业层面而言，李燕和安烨（2015）以沪深 A 股上市文化创意公司为研究对象，探讨了企业无形资产资本化水平对其经济绩效的影响，结果表明文化创意企业无形资产资本化程度的提升对经营绩效具有负向影响，但这种负向影响随着市场对文化创意企业价值的发展和进一步检验而减弱。吴泓等（2018）以我国 198 家沪深 A 股文化创意类上市公司为研究对象，从企业盈利能力、规模效应等四个方面构建了经营绩效评价指标体系，研究发现企业成长能力和盈利能力指标对企业绩效有显著的影响。Zang 等（2019）以 2011~2013 年我国上市文化创意企业为研究对象，研究发现研发投资对企业当期和滞后期的财务绩效都存在显著的积极影响，并探讨了实际控制人在其间发挥的调节作用。褚杉尔等（2019）考察了企业家社会资本对文化创意产业上市公司的创新绩效影响，研究发现不同的企业家社会资本对企业创新绩效的影响存在一定的异质性，企业家专业技能可以提升企业创新绩效，而企业家政治关系和商业关系影响并不显著。此外，从事文化创意企业绩效的相关研究的还包括魏亚平和陈燕飞（2015）、李颖等（2016）。

（三）文化创意企业融资相关研究

融资问题一直是文化创意企业面临的一个重要问题。学者一直积极从各个方面探讨企业融资问题。Lampel 等（2000）认为文化创意产品的市场需求不确定性是融资困难的主要因素。Higson 等（2007）研究发现，文化创意企业在创意内容、创意人才以及商标等创意产品上存在的不确定性是其面临融资困境的主要原因。甄烨（2017）分析了文化创意企业的内源融资和外源债务融资的影响因素，认为渠道少、固定资产少和相关风险大是文化创意企业融资较为困难的主要原因，并为缓解演艺企业融资难题提出相应对策。王大为和魏亚平（2017）分析了文化创意企业面临的不利于融资的内外部因素，包括在信贷市场受到不公平待遇、直接融资方式尚不成熟、缺乏质押或抵押物以及内部管理问题等。

针对文化创意企业面临的融资问题，相关学者也从不同角度提出了自己的解决方案。部分学者从完善文化创意企业融资机制等方面缓解企业面临的融资难题。Gwee（2009）以新加坡为例，认为文化创意产业集聚可以缓解其面临的融资难题。郭娅丽（2017）针对版权质押融资中存在的困境，提出了将版权期待权纳入质押范围、完善担保方式和企业信用信息公示制度以及借鉴最新法律成果实现质权。龚志文等（2021）认为文化创意企业知识产权质押是解决企业融资困难的重要方式之一，并通过构建知识产权质押融资演化博弈模型发现，第三方评估担保平台的加入可以促进企业和金融机构间的融资合作。

近年来，随着数字技术的发展，金融和科技的融合速度加快，越来越多的学者开始提出将互联网金融思维引入文化创意企业投融资领域。彭祝斌和谢莹（2016）针对小微文化企业和投资者信息不对称问题，引入互联网金融思维，通过构建融资双方的信息交流平台等融资信息支持体系解决小微文化企业融资难题。陈禹和罗子欣（2016）认为互联网普惠金融可以改善文化产业面临的融资困境局面，并分析了其作用机理和现存的问题及原因，提出针对性方案。王帅和张友祥（2016）认为可以借助互联网技术，创新文化产业融资模式，包括众筹融资、O2O、天使投资平台、文化要素线上交易、P2P网络借贷等模式，摆脱文化产业面临的融资困境。

此外，一些学者研究了文化创意企业融资其他方面的问题。陈业华和梁丽转（2012）通过结构方程模型分析了影响文化创意产业投融资风险的主要因素，结果显示技术风险因素和管理风险因素较为显著。谭超（2016）以文化企业的融资风险为研究对象，除了通过实证分析识别影响融资风险的宏微观因素，还度量和比较了企业融资风险的大小并构建了预警模型。丁晓蔚（2018）针对我国传媒业的投融资风险，提出从投融资风险本身、金融泡沫风险、行业发展风险、舆情风险、经济次生风险五个方面采取相应的防范和控制措施。姚德权和戴烊（2020）采用 BCC 模型和 Malmquist 指数对我国中小制片企业的融资效率变化进行测量，并实证分析了其影响因素。周晓光等（2018）探讨了无形资产持有率、盈利能力、股权结构、企业规模和成长性等与企业债务融资结构的关系。史跃峰等（2021）认为预收购机制在防范艺术品质押融资风险中具有重要作用。

（四）文化创意企业投资相关研究

随着文化创意企业的快速发展，越来越多的学者开始关注文化创意企业的投资效率问题，这不仅关系到企业的健康发展，还关系到企业投资者的切身利益。潘玉香等（2015）从公司视角探讨了文化创意企业管理者特征与企业投资间的关系，管理者受教育程度，女性管理者比例和具有技术、设计工作经历的比例与企业总投资强度和研发投资强度存在正相关关系，管理者年龄与企业研发投资强度存在显著负相关关系。潘玉香等（2016）认为文化创意企业融资约束越严重，企业越易产生投资不足问题。Chu 和 Gao（2019）考察了区域知识产权保护对于文化创意企业投资效率的影响，研究发现区域知识产权保护在总体上可以显著提升企业投资效率，与国有企业相比，私有企业的创意面临较为严重的融资约束，区域知识产权保护水平显著降低了私有制企业的投资效率。孙彤等（2019）以我国沪深 A 股文化创意产业上市公司为研究对象，探究了媒体关注与企业非效率投资间的关系，发现媒体关注度越高，越能缓解企业投资不足，但对于企业过度投资无显著抑制作用。

四、企业财务困境的相关研究

（一）企业财务困境

对财务困境的内涵进行界定是进行后续研究的基础。对财务困境内涵的界定不同，相关学者所选取的财务困境样本企业也会有所区别，这会影响所构建的预测模型的性能。财务困境源自财务风险、企业破产等相关研究，国内的研究多将财务危机、财务恶化以及财务失败等概念等同视之。尽管这些概念在表述上存在一定区别，但是其基本内涵具有一定的相似性，因此对于这几个类似的概念不做进一步区分，统一采用财务困境这一概念。

国外学者多使用企业破产表征企业陷入财务困境的状态。采取这种做法的原因主要基于两个层面考虑：一方面，更多是为了清晰地标识企业处于财务困境的状况，以便与其他企业进行区别，同时也便于收集数据进行实证分析；另一方面，这样的标识也更加能够引起投资者和其他利益相关者的关注，毕竟一个面临破产的企业将影响投资者和其他利益相关者的切身利益。但是也有的学者认为将企业财务困境状态标识为企业破产的做法并不严谨。Ball和 Foster（1982）指出如果公司面临长期现金流问题，将企业破产作为企业财务困境的标准则会忽视企业的其他可能的结果，例如减少运营规模、清算所有资产和寻求并购合作等。Altman 和 Hotchkiss（2005）对企业破产与经营失败导致的信用违约等相关概念进行了区分，并认为企业破产并不完全等价于财务困境，企业破产更多是法律上的规定，而较少涉及财务困境中的经济意义。本书也认为企业破产只是企业财务困境中的一个状态，不能将两者等同视之，企业破产只是在法律意义上的状态，但是企业在达到法律意义上的破产状态前，还会经历企业盈利能力下降、出现资不抵债等状态。

Asquith 等（1994）、Kam 等（2005）将一年的利息保障倍数小于 0.8 或连续两年的利息保障倍数小于 1 的企业界定为财务困境企业。利息保障倍数一般用来衡量企业长期债务偿还能力。Beaver（1966）认为企业财务困境状况可以划分为银行账户透支、未支付优先股股息、信用违约及破产四个阶段。Coats 和 Fant（1993）采用审计机构出具的财务报告审计意见来衡量企业是否处于财务困境状态，即若审计机构出具无法发表意见则意味着企业处于财务困境状态。Scott（1981）认为当企业无法按期偿还借贷的资金本息，则视这样的企业为财务困境企业。Dimitras 等（1996）将那些无力支付到期的长期或短期债务的企业归类为财务困境样本，因为这些企业在无力偿债后企业运营管理就会中断，进而出现财务困境。企业的偿债能力是衡量企业是否陷入财务困境的重要标准，当企业的运营现金流不足以还本付息后，企业就可能陷入财务困境。Tinoco 和 Wilson（2013）进一步界定企业财务困境，认为流动性出现问题的企业为财务困境企业。

国外学者多以企业破产标识企业的财务困境状态，国内学者发现由于我国的破产法颁布较晚且尚存在待完善之处，企业破产相关数据难以获取，但同时学者发现中国证监会的 ST 监管为企业即将面临的相关风险提供了一个独特的预警机会。卢永艳（2013）在研究宏观经济因素对制造业企业财务困境影响时，采用企业是否被首次宣布为 ST 来表征企业是否为财务困境样本。唐建新和郭寒（2018）在探讨制造业上市公司内部治理对于财务困境影响时也同样采取了企业是否被标记为 ST 作为企业是否处于财务困境的标准。闫达文等（2022）采用中国证监会对于上市公司的特殊处理（ST）作为企业陷入财务困境的标识。

在有关我国上市企业财务困境的现有研究中，部分学者发现企业财务困境与盈利能力降低存在一定关联性。Ding 等（2008）研究发现，在 A 股上市的企业被标记为 ST 后，在接下来的一年中陷入财务困境的可能性很高。对于 ST 企业的预测可以提醒企业管理者、投资者以及其他利益相关者注意企业的盈利能力，从而为可能发生的破产清算提供早期预警。因此在本书中，我们也选择那些被标记为 ST 的企业作为财务困境样本企业，这些企业财务状况在未来有进一步恶化的可能性。

（二）企业财务困境预警指标

早期学者多将企业财务困境当成企业面临的一个财务上的问题，因此多数学者在探讨企业财务困境预警指标时主要集中在财务因素上，即在财务困境预警指标的选取上，重点集中在财务指标上。采取这种做法主要基于两个方面：一是企业的财务数据便于收集；二是企业的财务数据可以更加直观地反映企业的财务状况。但是随着研究的深入，越来越多的学者发现企业的财务数据预测企业财务困境存在不足之处，大部分学者认为企业财务数据的变动更多地会受到企业内外部环境变化的影响，如果仅考虑财务指标，就会难以找寻到企业陷入财务困境的本质原因。

从影响企业财务困境的财务指标来看，Beaver（1966）采用企业现金流占总负债的比率这个单一财务指标来衡量企业是否陷入破产危机，通过实证研究发现前一年预测准确率高达 87%，前五年预测准确率是 78%。Altman 等

（1977）基于 Z-score 模型，采用包括总资产收益率、利益保障倍数、流动比率等七个财务指标的 ZETA 模型对企业的财务困境进行预测，模型的前一年预测准确率为 91.5%，前五年预测准确率约为 76%。Ohlson（1980）通过实证研究发现短期资产流动性、企业资产规模、长期债务偿还能力和短期债务偿还能力对于企业破产风险有着显著影响。Zavgren（1983）构建了包括应收账款周转率、存货周转率、投资回报率等七个财务变量的企业失败预测模型，通过实证分析验证了模型的有效性。我国国内学者对于财务困境影响因素的选择多是在借鉴国外学者研究的基础上进行的。周首华等（1996）在对 Altman（1968）提出的 Z-score 模型分析时认为，该模型并未将企业现金流的变动等因素考虑在内，因此具有一定的缺陷，并在此基础上构建了包括企业现金流的 F 分数模型。王宗胜和尚姣姣（2015）在预测制造业上市公司财务困境时，选取了企业的营运能力、盈利能力、偿债能力、现金流能力以及发展能力等财务指标。顾晓安等（2018）通过研究发现，盈余管理变量对于改进 ST 公司预警能力具有重要作用。王小燕和张中艳（2021）以我国 A 股上市公司为研究对象，选取企业的偿债能力、经营能力、盈利能力、每股指标、发展能力和相对价值指标等财务指标来预测企业发生财务风险的可能性。

随着研究的深入，相关学者发现财务指标在预测企业财务困境中的局限性，越来越多的学者开始将非财务指标纳入财务困境预警研究中。通过相关文献的阅读，笔者认为影响企业财务困境的非财务变量主要包括宏观经济变量、微观的企业治理变量以及其他的一些变量。Baek 等（2004）通过 1997 年亚洲金融危机时韩国企业的表现发现，大股东持股比例越集中，企业股价的波动则越小，企业陷入财务困境的可能性越低。吴世农和卢贤义（2001）在对我国上市公司财务困境进行预测时，不仅包括企业的财务指标、现金流量指标，而且将企业的市场收益率等指标纳入预测模型中。Chen（2011）以中国台湾证券交易所上市的公司为研究对象，在进行财务困境预警时除了选取企业的财务指标盈利能力、财务结构能力、管理效率能力、管理绩效以及偿债能力等指标，还将股息支付率、账面价格率、董事会抵押股份比率等非财务指标纳入预警模型中。Tinoco等（2018）以英国三个州的上市公司为例，将会计变量、市场变量以及宏观经济变量相结合，通过实证研究发现将三类变量整合在一起可以提高企业财务困境预警模型的准确性。Manzaneque等（2016）以西班牙公司为研究对象，发现公司的独立性显著影响企业陷入财务困境的可能性，即公司治理指标可能会提升企业财务困境预警的准确性。孙灏等（2022）以美国上市公司为研究对象，将年度财务报告中的文本风险信息纳入企业财务困境预警中，研究表明融合了财务报告文本风险信息的预警模型的预警性能得到了显著提升。Liang等（2016）研究发现，在企业进行破产预测时引入公司治理变量可以提升模型预警性能。陈运森等（2018）研究发现非处罚性监管对于市场来说是一种重要的补充监管手段，证券市场对财务报告问询函接受企业反应显著为负，而对企业的回函公告反应显著为正，且上市公司的特征和财务报告问询函特征也会进一步影响市场反应。Hill等（1996）研究认为，客观独立的审计意见类型是企业财务信息真实性的重要保障，可以在一定程度上揭露可能存在的风险。梁琪等（2012）将股权结构、实际控制人、董事会规模、独立董事比例、CEO两职状态以及高管激励等公司治理变量引入企业财务失败预警模型中，结果发现公司治理指标可以提升中小上市公司的财务失败预警性能。

（三）企业财务困境预警模型

企业财务困境预警是学术界和实践界长期以来关注的重点问题之一。企业可以根据预警模型确定当前状态，从而制定战略。企业的管理者可以通过管理影响企业财务困境的关键因素更稳定地经营其业务。投资者可以通过检测企业发生财务困境的可能性来调整投资策略，优化投资组合。此外，政府部门则可以通过制定宏观审慎政策改善企业经营现状，促进企业更好地发展，稳定就业形势。因此，进行企业财务困境预测已成为各方关注的一项重要工作。企业的财务困境预警最早可以追溯到20世纪初，发展至今已经取得了一系列较为突出的研究成果。有关企业财务困境的预警模型大致上可以分为两种类型，一是传统统计方法，二是人工智能方法，另外还有一些其他预警模型，具体如图2-1所示。

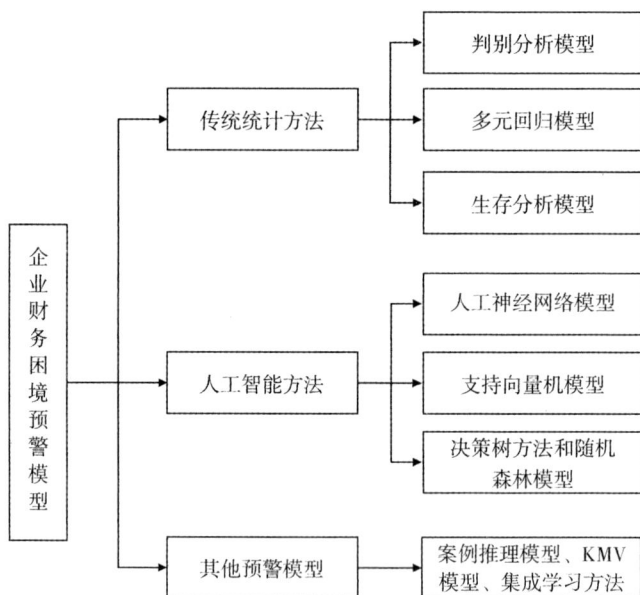

图 2-1　企业财务困境预警模型类别

1. 传统统计方法

采用传统统计方法进行企业财务困境预测大致可以分为三种类型，分别是判别分析模型、多元回归模型和生存分析模型。随着每种预警模型的发展和演进，这些模型已经被广泛应用于各个领域，至今仍在被积极地使用。

（1）判别分析模型。Fitzpatrick（1931）最早关注财务困境预警，提出将企业的财务状况分为两种类型：正常和困境，通过单一变量来确定企业的财务状况。Beaver（1966）对于企业财务困境预警实现了突破性发展，研究开启了统计模型在财务困境预测中的应用热潮，认为企业的财务比率是相互关联的，当某些比率发生异常变动时，就可能意味着企业陷入了财务困境，通过对大量企业的历史数据进行分析，提出了一组判别函数，用来预测企业是否处于财务困境之中。通过单一变量来判断企业是否陷入财务困境具有简单、易于实施的特点，但也存在一些局限性，例如只考虑了单一因素对企业财务状况的影响，忽略了其他可能的因素，同时可能会导致企业管理者修饰某些财务指标来掩盖企业的真实状况。

单一变量判别模型存在的缺陷引起了众多学者的关注，多变量判别模型受到学者的追捧。Altman（1968）最早提出采用多变量进行财务困境预测，通过数理统计方法，根据误判率最低标准，对22个备选财务指标进行筛选，最终构建了包括营运资金比总资产、留存收益比总资产、息税前利润比总资产、销售收入比总资产的四个变量 Z-score 模型。在修正 Z-score 模型的基础上，Altman 等（1977）在模型中又新增了反映企业规模和企业资本化程度的两种标量，构建了包括7个变量的 ZETA 模型，相对于传统的 Z-score 模型，ZETA 模型具有广泛的应用范围和更高的准确性。Moreno 等（2022）以西班牙保险公司为研究对象，比较六种不同的 Z-score 模型，研究出最适合保险公司的方法。陈静（1999）对比了单变量财务困境预警分析和多元变量判定分析法，认为单变量有时能比多变量取得更好的判断能力，但是这一单变量的选取必须与企业的特性相符合，而且单一变量无法获取足够多企业所有必备的内容的描述，因此多变量判别分析可能更为可取。Zhang 等（2010）在借鉴 Z 评分模型的基础上，开发了一个适用于新兴市场国家的四个变量 Z 评分模型，包括总负债比总资产、净利润比平均总资产、运营资本比总资产和留存收益比总资产，并通过实证分析发现该模型具有较高稳健性和准确性。游达明和刘亚庆（2015）采用多元判别法修正了 Z-score 模型，并使用修正后的 Z-score 对我国的交通运输企业财务困境进行预警，结果表明预警模型整体准确性得到提高。

（2）多元回归模型。尽管多元判别分析相较于单一变量判别分析纳入更多影响企业财务困境的指标变量，也相对容易操作，但是多元判别分析要求自变量遵循多元正态分布，即各个判别变量的联合分布符合多元正态分布，且组内协方差矩阵一样（Charitou 等，2004），这一要求与判别变量间的实际关系相差巨大。此外，通过多元判别分析得到的企业财务困境分类标准，只有统计学上的价值，而没有经济学价值，无法判定结果的显著性程度。因而，为了克服多元判别分析方法存在的局限性，越来越多的学者开始将多元回归模型引入企业财务困境预警中，主要有 Logistic 回归模型和 Probit 回归模型两种类型。

Logistic 回归模型是一种常用的二元分类模型，常用于分析某个因变量是否发生某个事件，该模型基于一个 Logistic 函数，可以将任意实数映射到 0～1。Martin（1977）最早提出将 Logistic 回归模型运用于破产预测中，并对比了与 Z 评分模型和 ZETA 模型的预测准确率，发现 Logistic 回归模型性能明显优于前述二者。而比较有影响力的企业破产预测 Logistic 回归模型是由 Ohlson（1980）提出的，他认为 Logistic 回归模型和多元判别分析（MDA）的不同之处在于前者的限制性假设较少，并采用全样本企业。研究发现企业规模、财务结构等四个指标对于企业是否破产具有显著影响，且取得了较好的预测性能。此后，越来越多的学者开始使用 Logistic 回归模型进行企业财务困境预警。Foreman（2003）以美国电信企业为研究对象，运用 Logistic 回归模型对其破产可能性进行破产预测。Kim 和 Gu（2006）以 1999～2004 年美国酒店企业为研究对象，开发了用于预测酒店企业破产的 Logit 模型。Li 等（2014）采用 Logistic 回归模型对中国企业面临的困境进行预测，结果表明这一模型具有较好的预测性能。潘泽清（2018）通过构建 Logistic 回归模型预警研究 2016 年和 2017 年我国债券市场发债企业的违约情况。杨柏辰等（2021）以我国上市公司为研究对象，建立基于 Logistic 回归模型的企业财务风险预警模型，结果表明该模型对于财务风险样本企业的识别准确率达到 87%。杨贵军等（2021）针对财务信息失真问题，引入基于修正 Benford 因子的财务风险预警 Logistic 模型，改进了 Logistic 回归模型的财务预测性能。

Zmijewski（1984）最早将 Probit 模型应用到企业财务困境预警中。Theodossiou（1991）以希腊制造业企业为研究对象，运用 Probit 模型对企业的财务困境进行了预警。张妍妍和吴乔（2011）基于 Probit 模型，采用总资产增长率、流动比率等七个财务指标对我国上市公司的退市风险进行预警，结果表明了 Probit 预警模型的有效性。霍源源等（2019）以我国制造上市公司为例，通过 Probit 模型对企业发生信贷风险的可能性进行了预测，实证结果表明该模型对于企业信贷违约事件发生可能性的预测准确率高达 92.97%。

Logistic 回归模型在企业财务困境预警方面要优于判别分析，首先，该模型不需要对财务困境预测变量的分布进行任何假设；其次，该模型可以单独检验单个预测变量的显著性；最后，该模型可以较为简单明了地预测企业未来发生财务困境的可能性。但是，该模型也存在一些缺点，一是需要较大的样本量，二是难以解决预测变量间的多重共线性问题。此外，通过相关文献综述可以发现，由于 Probit 财务困境预警模型对于预警变量的分布比 Logistic 回归模型更严格，Probit 模型相比于 Logistic 回归模型的应用范围较窄。

（3）生存分析模型。在企业财务困境预测中，生存分析模型是一种可以帮助企业预测其生存时间的动态分析方法，可用于计算企业随时间推移发生财务困境的可能性。其中较为流行的分析工具是 Cox 比例风险模型，该模型对于预测变量的分布要求较低，且模型性能较为理想。Lane 等（1986）是较早使用 Cox 比例风险模型来进行破产相关预测的研究者。Shumway（2001）将持续时间分析和风险模型相结合，认为生存分析模型比传统的单周期模型能更好预测企业的破产可能性。Chava 和 Jarrow（2004）以美国公司为研究对象，通过生存分析模型预测了美国公司的破产风险可能性。鲍新中等（2015）以我国沪深 A 股上市的制造企业为研究对象，采用生存分析法预测了企业发生财务危机的可能性，实证结果表明流动比率、股东权益相对于年初增长率、资产负债率增加了企业发生财务风险的可能性，而总资产周转率和独立董事比例等指标则降低了企业发生财务风险的可能性。宋宇等（2019）以我国中小板上市公司为研究对象，采用 Cox 生存分析模型预测企业自上市起可能发生财务风险的可能性。

生存分析模型能够分析企业在某个时刻发生财务困境的可能性，对于所选择财务困境和非财务困境的样本比例没有过多要求，对企业财务困境的预警更加可靠。该模型可以提供生存分析曲线，直观展示企业生存概率的变化，为企业管理者提供可视化的决策支持。但是生存分析模型的应用需要较多的数据，如果企业的数据缺乏或质量不高，可能会影响预警性能。此外，生存分析模型仅考虑企业每一时刻发生财务困境的可能性，对于财务困境发生的原因和机理等并未进行深入分析。

2. 人工智能方法

尽管传统的统计方法在企业财务困境预警中得到了广泛的应用，但是随着企业数据量的增加，当统计模型所依赖的一些限制性假设得不到满足时，例如预警变量间的线性、非正态性等，其有效性和适用性就会受到限制（Chen 等，2016）。自 20 世纪 90 年代以来，由于人工智能方法相对于传统的统计模型具有性能更好、对变量间的关系没有严格要求，日益成为企业财务困境预测的主要研究方向。人工智能方法主要包括人工神经网络模型、支持向量机模型、决策树方法和随机森林模型。

（1）人工神经网络模型。人工神经网络模型是一种机器学习算法，是根据真实人类大脑的操作过程进行设计，可以使用简单的人工神经元组合来解决复杂的问题。该网络由多层人工神经元之间的连接组成，分为输入层和输出层，以及之间的隐藏层。通过训练或优化网络的过程包括确定每个人工神经元的权重和阈值，以获得最佳结果。

Odom 和 Sharda（1990）将人工神经网络模型应用于企业财务困境预警研究中，通过实证研究发现该模型取得了良好的性能。Alfaro 等（2008）认为人工神经网络模型能够解决预测变量间的非线性关系，在存在噪声的信息情况下也能表现出好的性能，并对比了人工神经网络模型与一种新的集成学习方法在预测企业财务失败时的性能。Geng 等（2015）以沪深 A 股上市公司为研究对象，基于 31 个财务指标和三个不同的时间组窗口，通过实证分析发现神经网络的预警性能要明显好于其他分类器的性能。Jo 和 Shin（2016）以韩国中小型建筑公司为研究对象，采用人工神经网络模型对企业破产进行预警，研究表明基于大数据分析的定性信息纳入传统的基于会计信息的破产预警模型中，可以有效提升神经网络的预警性能。关欣和王征（2016）对比了 Logistic 回归模型和 BP 神经网络预测企业财务风险的性能，研究发现神经网络在总体预警准确性上要优于 Logistic 回归模型，且错误率较低。高燕等（2023）以沪深主板上市的制造业企业为研究对象，采用人工神经网络模型对企业的财务风险进行预警分析，实证结果表明人工神经网络模型具有较好的预警性能。

人工神经网络模型可以很好地解决企业财务困境预测变量间的非线性关系，克服了传统统计模型需选择适当函数形式的困难。但人工神经网络模型容易产生过拟合问题，即模型的泛化能力较差。此外，人工神经网络模型类似一个"黑箱"，缺乏可解释性。

（2）支持向量机模型。支持向量机（SVM）模型广泛应用于各个领域，包括企业财务困境预警。该模型采用分离超平面对样本进行分类，每个样本包括多个预测变量。Shin 等（2005）将支持向量机模型应用于企业破产预警研究中，通过研究发现支持向量机模型在企业破产预警中性能要优于反向传播神经网络，即随着训练集的越来越小，支持向量机模型能取得更高的精度和更好的泛化性能。谢赤等（2007）以沪深主板上市的制造业企业为研究对象，采用支持向量机模型对企业财务困境进行预测，结果表明支持向量机模型要优于传统的多元判别分析，且在提前三年的情况下预测效果仍然较好。Xie 等（2011）以中国上市公司为研究样本，对比了支持向量机模型和多元判别分析在预测企业财务困境时的性能，结果表明支持向量机模型的预警能力要优于多元判别分析。Dogan 等（2022）以 172 家在伊斯坦布尔进行交易的公司为研究对象，采用 Logistic 回归模型和支持向量机模型对企业财务困境进行预警，实证结果表明两种方法都取得了较好的预警性能，此外，应用特征选择的支持向量机模型显示出更好的性能。韩立岩等（2011）以我国上市公司为研究对象，采用改进支持向量机模型对企业财务困境进行判别，实证结果表明改进支持向量机模型具有更好的精度。黄虹等（2020）以我国 A 股上市公司为研究对象，采用核主成分分析结合加权最小二乘法支持向量机模型进行企业财务危机预警，通过实证分析发现该模型在一类错误和 AUC 等指标上取得了较好表现。

支持向量机模型对于高维度数据和非线性数据具有较好的泛化性能。该模型在小样本数据集中表现良好。但是对于大规模数据集，支持向量机模型需要较长的训练时间。支持向量机模型在存在噪声的数据上表现可能不佳。此外，支持向量机模型也是一种黑盒模型，模型的可解释性较差。

（3）决策树方法和随机森林模型。决策树方法是数据挖掘及数据分析中广泛应用的技术，是一种通过在树结构中绘制决策规则来解决回归或分类问题的方法，具有清晰直观、易于解释的优点，但是决策树方法的缺点是在划分特征空间或生成分支的过程中可能出现过拟合问题，从而降低了预测精度。随机森林模型是一种将多个决策树集合在一起进行分类或回归的模型，其主要思想是通过随机选择一部分特征和样本来训练多个决策树，然后通过投票或平均的方法来综合决策树的预测结果。随机森林模型的随机化操作可以有效减少模型的方差，避免过拟合，具有良好的泛化性能，同时也可以处理高维数据和非线性关系。此外，随机森林模型还可以通过计算特征的重要性来进行特征选择。

Olson 等（2012）认为人工神经网络模型、支持向量机模型和其他算法通常可以较好地拟合数据，但是缺乏可解释性，通常被称为黑盒模型，而决策树方法则更容易被人们理解，实证研究发现，在预警企业破产时，与人工神经网络模型和支持向量机模型相比，决策树方法相对更为准确。Gepp 和 Kumar（2015）将半参数 Cox 生存分析和非参数 CART 决策树方法应用于企业财务困境预测，并与最流行的方法进行比较，结果表明，决策树方法和生存分析模型具有良好的预测精度。Jabeur 和 Fahmi（2018）采用判别分析模型、Logistic 回归模型和随机森林模型三种预警模型对法国公司的财务困境进行预测，结果表明随机森林模型的预测效果最好。孟杰（2014）以我国上市公司为研究对象，采用随机森林模型对企业财务失败进行预警研究，发现随机森林模型性能明显优于 Logistic 回归模型、决策树方法、支持向量机模型和人工神经网络模型。张庆龙等（2023）采用朴素贝叶斯法、决策树方法和随机森林模型等机器学习方法对我国上市公司的财务违规行为进行预测，结果表明基于随机森林模型的预测模型效果最好。

3. 其他预警模型

除了以上主要的预警模型，其他的一些预警模型也被相关学者引入企业财务困境预警研究中，例如案例推理模型、KMV 模型、集成学习方法等。李清和刘金全（2009）以我国上市公司为研究对象，采用 K 近邻法案例推理模型对企业财务危机进行预测，结果表明该模型性能优于 Logistic 回归模型。陈延林和吴晓（2014）基于修正 KMV 模型进行上市公司财务困境预警预测，研究表明该模型至少可以提前两年对上市公司的财务困境进行有效预警。梁明江和庄宇（2012）采用支持向量机模型为基分类器，采用集成学习方法来预测我国制造业企业财务危机发生的可能性，结果表明集成学习方法性能要明显优于单一分类模型。

在财务困境预警问题中，类别不平衡问题普遍存在，即陷入财务困境的企业数量少于财务正常的样本量。而传统的分类模型都是基于平衡分布假设（平瑞等，2020），因此在出现数据不平衡问题时，传统的分类模型效果可能受到影响。针对样本数据的不平衡问题，可以通过重采样使原来的数据集由不平衡转变为平衡，然后再基于平衡的数据集进行建模，重采样技术一般可分为过采样和欠采样。过采样是通过增加少数类样本来平衡数据集，而欠采样则是通过随机去除多类样本来降低数据集的不平衡程度。刘洋（2019）通过欠采样和重复抽样两种方法解决数据不平衡问题，结果表明两种方法都能提高模型的预警性能，但是重复抽样可以同时弥补欠采样所带来的信息损失。迟国泰等（2020）针对上市公司 ST 样本和非 ST 样本数量不平衡问题，采用 SMOTE 过采样技术进行数据的平衡化处理。刘云菁等（2022）针对上市公司财务舞弊公司样本量和非财务舞弊公司样本量间巨大差距，即数据不平衡问题，采用欠采样方法进行样本量的平衡处理。

五、文化创意企业财务困境相关研究

文化创意产业在我国起步较晚，发展速度较快，与其他产业相比，特别是与制造业相比，固定资产较少，主要以无形资产为主，企业经营状况波动幅度较大，收益具有一定的不确定性，其财务状况稳定性较差，往往会受到某些内外部因素的影响，从而出现财务困境。因此进行文化创意财务困境预警研究日益受到各界关注。

蒋亚奇（2014）以我国 A 股上市的 10 家旅游上市公司为研究对象，运用多元 Probit 模型对企业可能发生的财务风险进行了预警研究，实证结果验证了模型的有效性。孙正浩（2017）以我国沪深股市上市的出版企业为研究对象，采用企业盈利能力、偿债能力、运营能力、发展能力等财务指标，运用功效系数法对企业的财务风险进行预警研究，实证结果表明大多数上市出版企业具有中度或高度财务风险。王冬梅等（2018）以暴风集团为研究对象，在进行资产规模较轻的暴风集团的财务风险评价时指出，因为暴风集团具有轻资产规模性质，适用于实体企业的传统财务风险指标未必完全适用于暴风集团，应该对这类企业的财务风险评估指标进行适当修正，并采用案例分析法评价了其财务风险状况。蔡兴林和张高雅（2019）以我国体育用品上市公司为研究对象，采用企业流动资产、流动负债、留存收益、息税前利润、所有者权益市值、营业收入、资产总额和负债总额等财务指标，运用 Z 评分法进行财务风险评估，结果表明我国体育用品公司整体财务状况较好，出现财务危机的概率较小。

六、相关研究评述

（一）相关研究总结

本章主要从理论基础和相关文献综述两个方面对相关研究进行了成果梳

理，主要的研究内容如下：

1. 理论基础

风险管理理论是企业、投资者等主体对可能发生的风险进行识别、评估、评价和防范的理论依据，是降低相关风险必须采取的措施。通过提高企业和投资者等对企业财务困境相关风险的预测能力，一方面可以为企业管理者及时发现相关的财务风险并采取针对性措施控制风险提供参考，另一方面可以为投资者、债权人等利益相关者进行相关决策提供借鉴。企业预警理论是企业风险管理和经营决策的重要基础，通过建立科学、系统、可靠的预警机制，帮助企业实现财务困境预测、预警和应对，可以保障企业的稳定运营和可持续发展。

2. 文化创意产业相关研究

通过对国内外学术文献的梳理可以发现，围绕文化创意产业的相关研究主要集中在概念界定、产业竞争力、产业集聚以及文化创意产业与其他产业融合等方面。

各国根据各自的实际情况，对文化创意产业概念的界定尚不统一，国内对于文化创意产业的称谓也不尽相同。但文化创意产业的内涵基本一致，即以文化要素为基础，融入个人创意和创新，面向市场，创造出以知识产权为代表的产品或服务，带动经济增加和就业的产业。

文化创意产业的研究主要涉及产业竞争力评价、产业集聚以及与其他产业融合发展等内容。尽管 2008 年全球金融危机给各国经济带来了影响，但是值得注意的是，在这种背景下，文化创意产业却发展良好，对经济复苏发挥了带动作用。随着文化创意产业推动经济发展的重要性日益突出，备受各国政府和学术界的青睐，国内外研究人员纷纷开始探究文化创意产业发展的推动力，并进行产业竞争力评价。此后，发现文化创意产业集聚对于提升区域影响力和人才集聚相当重要，同时对于提升文化创意产业竞争力也具有推动作用。文化创意企业处于价值链顶端，与其他产业相关联。因此，文化创意产业与其他产业的融合发展备受学者关注。此外，还关注文化创意产业知识产权保护、协同创新等领域。

3. 文化创意企业相关研究

首先对文化创意企业的内涵进行界定，文化创意企业是文化创意产业的微观主体，是以创意和知识产权为基础，结合先进的信息科技技术，通过生产和销售创意产品或服务来满足公众文化消费需求的经济组织。其次对文化创意企业绩效进行研究，主要集中在影响企业绩效的宏微观因素上，例如政府补贴、信贷支持、企业者社会资本、公司的微观治理要素等。文化创意企业规模较小、可供抵押的固定资产较少等固有的缺点，使其在发展过程中往往面临着较为严重的融资难题。因此从不同角度分析了企业面临融资困境的原因并提出了摆脱文化创意企业融资困境的对策和举措，例如完善文化创意企业投融资渠道和机制、借鉴发达国家文化创意企业融资经验和做法以及借助于互联网金融等方式来摆脱企业面临的融资困境。此外，围绕文化创意企业投资的相关研究主要从投资效率、研发投资的影响因素等方面展开。

4. 企业财务困境相关研究

财务困境是企业在经营管理过程中遭遇的道德财务方面的问题，无法满足企业经营和发展需要，甚至可能导致企业倒闭。企业财务困境与财务风险、财务恶化和财务失败等具有相似内涵。国外学者多采用企业破产表征企业的财务恶化状况，但是由于我国破产相关制度有待完善，企业的破产数据难以收集，因此进行企业破产预警难题较大。中国证监会对于财务异常状况的企业的特殊处理制度，为研究我国企业财务状况提供了较好的数据来源。

现有的企业财务困境的影响因素主要包括企业的财务相关指标和非财务指标两个部分。而企业财务困境的预警模型主要包括传统的统计方法、人工智能方法和其他方法等。传统的统计模型包括单变量判别分析、多变量判别分析、多元回归模型以及生存分析模型等，而人工智能方法主要包括人工神经网络模型、支持向量机模型、决策树方法和随机森林模型等。此外，案例推理模型、KMV 模型以及集成学习方法也经常被用来进行企业财务困境预警研究，特别是集成学习方法因其优异的性能在企业财务困境预警领域越来越受到欢迎。

（二）现有研究不足分析

企业财务困境预警相关研究较多，在文献综述时仅选择了其中较有代表性的文献。通过文献综述可知，国内外学者无论是在文化创意产业、文化创意企业研究上，还是在企业财务困境相关研究、文化创意企业财务困境研究上都取得了一定成就，为后续相关研究奠定了坚实的基础。尽管学者对文化创意企业财务困境进行了研究，也取得了一定的成果，但现有研究仍然存在可以深入探讨的空间，具体如下：

（1）在现有企业财务困境预警相关研究中，有很大一部分比例的文献在指标选取上仅选取了财务指标，而未将非财务指标纳入模型中。这样会影响模型的预警性能，并且可能会遗漏掉一些影响较大的非财务指标标量。企业的健康发展受到外部宏观经济因素的影响，同时企业的内部治理变量也会影响企业的经营管理现状。因此，应将非财务变量纳入企业财务困境预警模型。

（2）关于企业财务困境预警相关研究更多地集中于制造业上市公司或整

个上市公司，关于文化创意企业财务困境的相关研究较少。而文化创意企业因其规模较小、资产以无形资产为主、收益较高的同时也伴随较高的风险，因此企业的经营状况波动性较大，对于文化创意企业财务困境预警研究具有一定的现实意义和紧迫性。通过对国内外文献梳理发现，现有关于文化创意企业财务困境的预警研究的文章主要是针对其中的特定行业，例如文化传媒业、出版业和旅游业等，较少针对整个文化创意企业进行预警研究。同时，现有关于文化创意企业财务困境预警研究多以单一上市公司为研究对象，其研究成果的推广应用范围有限。此外，文化创意企业财务困境预警现有研究多采用 Z 评分、功效系数法等传统统计方法，较少采用随机森林模型等人工智能方法。

（3）从现有相关文献中的样本选择可以发现，对于财务困境类样本企业和非财务困境类样本企业数量问题，现有研究多数采取配比方法来使两类样本达到平衡，即以财务困境类样本为参考，选择同行业、资产规模详尽的非财务困境样本进行配对。而随着研究的深入，越来越多的学者发现这种配对方法会导致对财务困境类样本的过度抽取，会影响模型的性能。因此，在选取样时要尽量保留原始样本比例或采取其他更为合适的方法平衡两种类型的样本比例，避免对模型整体性能的影响。

第三章 文化创意企业财务
困境现状分析

由于文化创意企业的产品或服务具有创新性和艺术性，其市场价值和潜在收益难以衡量，同时企业的产品或服务研发需要投入大量的财力、人力和物力，企业的经营风险较大，更容易发生财务困境。财务困境风险是文化创意企业面临的重要风险之一，对文化创意企业的持续健康发展产生重要影响。为了从整体上掌握文化创意企业财务困境现状，本章相继分析了文化创意企业发展特点、财务困境公司的相关特征以及企业财务困境的成因和特点。

一、文化创意企业发展特点

文化创意企业因其低污染、高附加值等特性，日益受到重视，并逐渐发展成为我国国民经济的支柱性产业之一。根据国家统计局测算，2020年我国文化及相关产业增加值为 4.49 万亿元，占 GDP 的比重约为 4.43%。自 2012年以来，文化产业对我国 GDP 增长的贡献率平均达到了 6%，这说明文化创意产业在推动国家经济保持高速发展和转型升级方面发挥着越来越重要的作用。

文化创意企业作为文化创意产业的微观组成部分，对于推动产业发展起到重要作用。然而我国文化创意企业产品或服务面临着研发的不确定性和市场需求的不确定性，收益较高的同时也伴随较高风险，且资产以无形资产为主，企业的经营状况波动性较大，可能会使企业面临较高风险的财务困境，而这也成为阻碍文化创意产业可持续健康发展的重要因素。总体来看，文化创意企业发展特点主要体现在以下几个方面：一是以创意、知识等无形资产为核心资产；二是企业具有高收益同时伴随高风险特征；三是企业多分布在经济发达或文化资源丰富的地区；四是企业正加速进行数字化转型。

（一）以创意、知识等无形资产为核心资产

文化创意产业是以人的创意为核心元素，我国灿烂辉煌的历史文化成为了创造者的灵感来源，使我国文化创意产业发展具有独特的优势。将得天独厚的文化资源与人的创意很好地结合，会使文化创意产业具有巨大的发展潜力，其成果多以专利、品牌、技术等无形资产为主。

如图 3-1 所示，2017 年以来，我国文化创意企业专利申请量基本呈现出上升态势，2021 年文化创意专利申请量有所下降，但是也达到了 1243 个，表明我国文化创意企业发展潜力巨大。文化创意企业拥有的以文化专利为代表的无形资产一方面可能为企业提供一定的技术保护、市场竞争优势以及授权许可等商业机会，从而增强企业的盈利能力；另一方面文化创意专利等无形资产的生产需要投入一定的资金、人力资源、时间和精力，进而分散企业的资源，影响企业的正常经营和发展。如果企业的财务状况一般，可能增加

企业的财务负担。特别指出企业拥有的无形资产，其价值一般难以评估，且易随市场需求的变化而产生变动，稍有不慎，可能会导致企业出现财务困境。

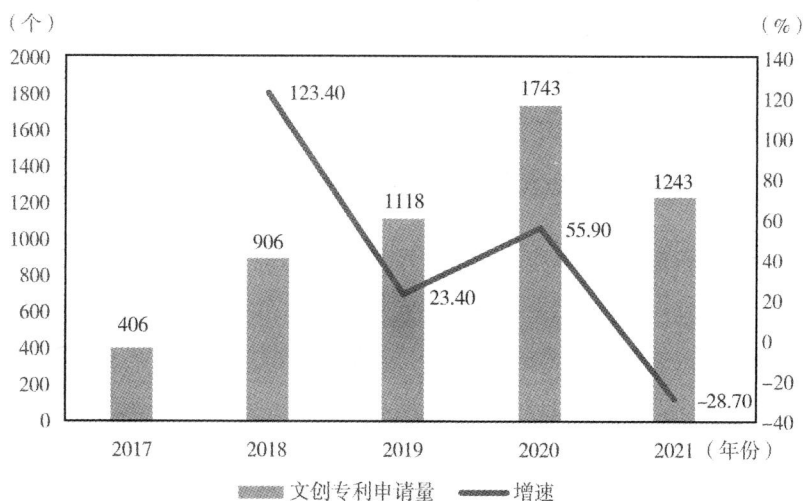

图 3-1 2017~2021 年我国文化创意专利申请量及增速

（二）企业高收益和高风险特征

文化创意企业对于创新性要求较高，通常涉及艺术、设计、媒体等方面，需要推陈出新，不断创新才能够引领潮流，留住消费者。而根据文化创意企业产品或服务开发周期，文化创意产品或服务产生经济价值要经过研发投入的初期、专利或知识产权的产生、产品或服务的生产到新产品或服务进入市场。由于文化创意企业所在行业的吸引力和潜在市场规模，市场竞争较为激烈，企业所生产的产品或服务经过市场检验，获得消费者认可，投资就会获得较高收益，企业的价值也会迅速提升，但是如果失败，投资者和企业就面临损失，而且大部分投入属于沉没成本，很难收回。文化创意企业的产品或服务也往往受到消费习惯、潮流等因素的影响，市场表现存在较大波动，一旦市场的波动对企业产生不利影响，则会使企业面临较为严重的财务状况。此外，文化创意企业的产品或服务往往涉及知识产权保护，包括版权、商标、专利等，但这些保护难度较大，容易被侵权和模仿，从而影响企业的正常经营。因此，相较于传统产品，文化创意企业具有高风险和高收益并存的特征。

(三) 企业呈现集聚发展趋势

文化创意产业的发展与地区经济发展水平密切相关。一般认为，经济发展较为迅速的地区，其文化创意产业集聚程度越高。由于我国不同区域经济发展水平具有较大差异，其经济发展政策、产业导向也存在一定的差异，从而导致文化创意产业分布具有一定区域集聚特点，北京、上海、江苏、浙江、广东等东部沿海地区是文化创意企业的主要集聚地，其中北京和上海的文化创意产业发展较为活跃，占据了全国企业总数的较大比例。魏和清和李颖 (2021) 通过区位熵发现，我国文化产业集聚水平呈现东高西低的空间分布特点。此外，一些拥有特殊文化背景的地区，如陕西、四川等也成为了一些特色文化创意产业集聚区。由腾讯研究院发布的相关报告可见，珠三角、京津冀、长三角、成渝和长江中游五个城市群是我国数字文化指数发展高地，形成了横跨南北方、东中西的大 "十字"，占全国总体的 54.13%。文化创意企业发展的重要载体是产业集聚区或产业园区，大致可以分为两种类型，一类是旧址改建型，另一类是新建型。旧址改建型又可以分为办公主导型、艺术集聚型、商业体验型、院校联合型等。

一方面，文化创意企业集聚发展有助于企业之间形成合作关系，共享资源，降低企业的生产成本，提高生产效率，促进行业内竞争，刺激企业进行创新，提高产品品质和服务水平，提升企业竞争力。此外，企业集聚形成的产业集群能够增加企业间的交流合作，创造新的商机，从而扩大市场份额，增加企业的收入，降低企业陷入财务困境的可能性。另一方面，企业集聚也会产生一些不利于企业发展的因素：激烈的竞争可能会导致企业的利润率下降，造成企业亏损；随着文化创意企业的集聚，可能出现产能过剩的情况，导致企业库存增加、销售下降，进而影响企业的盈利能力；集聚企业之间存在千丝万缕的联系，如果其中某个企业在运营过程中资金出现问题，可能会传导给整体集聚区内的企业，使这些企业面临经营和财务风险。总之，对于文化创意企业来说，对可能影响企业财务状况的各种风险因素进行分析，需要建立预警模型，积极应对相关风险，稳健经营，以确保财务健康和企业的可持续经营。

（四）企业的数字化转型加速

近年来，随着市场需求、技术进步、竞争压力以及政策支持等因素的推动，加速推进了我国文化创意企业数字化转型。随着居民收入水平增长和消费习惯的养成，消费者对于数字化产品和服务的需求不断增长，文化创意企业为了适应市场需求，加速了数字化转型，以便提供更为个性化的产品和服务。数字化技术的不断更新和进步为文化创意企业数字化转型提供了良好的基础和手段。数字化转型提升文化创意企业市场竞争力，为降低成本提供了帮助。此外，国家为文化创意产业的数字化转型提供了政策引导和资金支持，2016 年，数字创意产业纳入国家战略性新兴产业规划中，体现出国家对文化创意企业数字化转型的重视程度。

文化创意企业的数字化转型可以帮助企业减少人力资源和物料成本，降低生产和运营成本，提高生产效率，提高企业的利润率。通过数字化技术，文化创意企业可以更好地了解市场需求和消费者偏好，精准定位目标客户，提供更为个性化的产品或服务，提高客户忠诚度，提升企业市场竞争力，提高企业销售额和利润。同时，通过数字化媒体，文化创意企业可以将品牌信息传播给更广泛的受众群体中，吸引更多潜在客户，增强品牌影响力，提高销售额和市场份额。企业竞争力、市场份额、客户忠诚度以及品牌影响力的提升，可以提高企业销售额和利润，使企业陷入财务困境的可能性降低。

二、文化创意财务困境公司特征

（一）企业财务困境区域分布

根据文化创意产业上市公司注册地所在区域划分来探讨企业财务困境区域分布状况和特征，如表3-1所示。

表3-1　文化创意企业区域分布表

区域	财务困境企业数（家）	区域企业总量（家）	财务困境企业数比例（%）
东部地区	19	404	4.70
中部地区	7	43	16.28
西部地区	1	46	2.17

通过表3-1可以发现，东部地区的文化创意产业上市公司的数量最多，

达到了 404 家，西部地区和中部地区相当，分别为 46 家和 43 家，可以发现文化创意产业上市公司基本上集中在东部地区，中西部地区相对较少，这也与文化创意产业的集聚地区基本吻合。此外，从文化创意企业财务困境样本比例来看，中部地区陷入财务困境的样本比例较高，43 家上市公司中有 7 家企业陷入了财务困境，比重高达 16.28%，而西部地区陷入财务困境的样本比例较低，46 家企业中仅 1 家企业陷入了财务困境，比例为 2.17%，东部地区，404 家上市公司中 19 家陷入了财务困境，比例为 4.70%。由此可见，尽管东部地区的文化创意企业的财务困境样本最多，但是财务困境样本比例适中，低于中部地区的 16.28%，西部地区的财务困境企业比例最低仅为 2.17%。

（二）企业财务困境区域风险评估

为了进一步探究各地省份文化创意企业财务困境的风险等级，本章借鉴 Altman（1968）的研究，采用 Z 评分来衡量文化创意企业的财务困境水平。通过 Z 评分来判断企业财务风险有两个标准：一是 Z 评分的数值越大，表明企业的财务状况越好，企业陷入财务困境的可能性越小。反之，若该指标的取值越小，表明企业的财务状况越差，企业陷入财务困境的可能性越大。二是将 Z 值大于 2.68 的归类为低风险企业，Z 值大于 1.81、小于 2.67 的归类为中风险企业，Z 值小于 1.81 的归类为高风险企业，Z-score 的具体计算公式如下（具体如表 3-2 所示）：

$$Z-score = 1.2 \times \frac{营运资金}{总资产} + 1.4 \times \frac{留存收益}{总资产} + 3.3 \times \frac{息税前利润}{总资产} + 0.6 \times$$

$$\frac{股票总市值}{总负债} + 0.999 \times \frac{销售收入}{总资产}$$

表3-2　我国各省份的企业财务困境风险评估结果

Z评分取值	风险评估结果	所在地区
大于2.68	低风险	安徽、北京、福建、甘肃、广东、海南、河南、湖南、吉林、江苏、江西、山东、山西、上海、四川、天津、浙江、重庆
[1.81，2.67]	中风险	广西、贵州、辽宁、陕西、西藏
小于1.81	高风险	河北、湖北、青海、新疆、云南

通过表3-2可以发现，河北、湖北、青海、新疆和云南五个省份的文化创意企业陷入财务困境的风险较高。根据Z评分模型可知，这五个省份的Z值均小于1.81，即该地区的文化创意企业具有陷入财务困境的较大可能性。青海、新疆和云南经济发展水平较低，尽管文化资源丰富，可能存在开发不足问题，市场化水平不高，导致文化创意企业的经营管理不善，使该地区企业面临较高风险的财务困境。

广西、贵州、辽宁、陕西和西藏五个省份的文化创意企业财务困境属于中风险程度。根据Z评分模型，Z值区间为1.81~2.26，即该地区的文化创意企业财务状况缺乏稳定性，具有陷入财务困境的可能性。广西、贵州、陕西和西藏属于我国西部地区，享受国家西北大开发的优惠政策，只要抓住机遇就能够规避相应的财务困境。而辽宁属于东北老工业基地，市场化程度较低，文化创意企业若不能适应激烈的市场竞争，难免会有陷入财务困境的可能性。

北京、上海、福建、广东、浙江、江苏、安徽等18个省份的文化创意企业财务困境属于低风险程度。根据Z评分模型，Z值均大于2.68，即该地区的文化创意企业财务状况较为稳定，陷入财务困境的可能性较小。这18个省份大多位于东部沿海地区，经济较为发达，相关的人才、资金等资源较为丰富，文化创意企业陷入财务困境的可能性较低。尽管这些地区文化创意企业财务状况较为稳健，但是也要关注一些可能的风险因素，以免给企业带来不利影响。

（三）企业财务困境资产规模分布现状

资产总额是一个企业所有的资产总值，包括长期资产和短期资产，是企业的一个重要财务指标，可以反映出企业的规模、财务实力和经营状况。本章按照文化创意企业的总资产规模将样本企业分为六个等份，分别对各个等份的样本企业数量和财务困境样本企业数量和比例进行统计，具体如表3-3所示。

表3-3　财务困境企业资产规模分布

资产总计（亿元）	财务困境样本数（家）	样本企业总数（家）	财务困境样本比例（%）
0~5	7	16	43.75
5~10	7	44	15.91
10~15	3	53	5.66
15~20	3	56	5.36
20~30	4	79	5.06
>30	3	245	1.22

从表3-3中可以发现，总体来看资产规模较小的文化创意企业更容易陷入财务困境，财务困境企业在整个样本中的分布也是不均匀的，主要分布在资产规模10亿元以下的企业群体，出现财务困境的企业样本量为14家，占所有的财务困境样本量的59.66%。而10亿~15亿元资产的企业财务困境比例则为5.66%，15亿~20亿元资产的比例为5.36%，20亿~30亿元资产的

财务困境样本量占比为 5.06%，而 30 亿元以上资产的企业财务困境比例为 1.22%。从中可以看出陷入财务困境的样本企业的资产规模基本上集中在 10 亿元以下，且随着企业资产规模的上升，文化创意企业陷入财务困境的可能性越来越低，当资产规模达到 30 亿元以上时，企业陷入财务困境的可能性降低为 1.22%。

（四） 基于资产规模的企业财务困境评估

基于资产规模的企业财务困境评估是根据文化创意企业财务困境样本在各类资产规模中的分布来确定相应的风险程度。本章将该类风险分为四个等级：财务困境样本比例在 20%以上的为较高风险资产规模；财务困境样本比例在 10%~20%的为高风险资产规模；财务困境样本比例在 5%~10%的为中风险资产规模；而财务困境样本比例在 5%以下则定义为低风险资产规模，如表 3-4 所示。

表 3-4　各类资产规模财务困境风险划分

财务困境样本比例	风险划分	资产规模（亿元）
>20%	较高风险	<5
10%~20%	高风险	5~10
5%~10%	中风险	10~15、15~20、20~30
<5%	低风险	>30

通过表 3-4 可以发现，0~5 亿元资产规模的文化创意企业属于较高风险级别，其中财务困境样本占比高达 43.75%。这样的文化创意企业一般规模较小，缺乏相应的管理经营能力，导致企业经营决策失误，影响企业业务经营

的可持续性发展。此外，规模较小的文化创意企业本身通常没有足够的资本，难以承担相关的研发创新以及业务拓展计划，同时又因为缺乏相应的抵押品，难以通过抵押或质押从银行等正规渠道进行融资，影响企业的正常业务发展。因此，规模较小的文化创意企业，特别是资产规模低于5亿元的企业其陷入财务困境的概率较高。5亿~10亿元资产规模的文化创意企业尽管资产规模有所增长，但仍然属于中小企业，其财务困境属于高风险等级。10亿~15亿元、15亿~20亿元以及20亿~30亿元资产规模的文化创意企业处于财务困境的中风险等级，这个规模的文化创意企业的规模相对较大，企业通常拥有更多的资本，可以较容易地实施相应的扩张计划和业务发展计划，企业的管理团队也更加专业、经营管理经验更丰富，企业应对相应财务风险的能力较强。资产规模在30亿元以上的文化创意企业则属于低风险等级，面临较低的财务困境可能性。主要原因可能是我国文化创意企业市场化发展较晚，其中规模较大的企业多由国有企业改制而来，受到银行和资本市场的青睐，因此这类企业的融资较为容易，企业的管理也更为健全，企业陷入财务困境的可能性较低，多属于低风险类企业。

三、文化创意企业财务困境成因及风险特点

（一）企业财务困境成因分析

文化创意企业由于受到自身发展和市场不确定性等因素的影响，陷入财

务困境的风险较高，因此进行财务困境分析对于企业管理者、投资者和其他利益相关者来说至关重要，可以帮助企业管理者更好地了解自身的问题和挑战，优化投资者的相关决策，实现各方共赢。文化创意企业发生财务困境的原因不仅包括内部相关财务指标，而且包括企业治理的相关因素，同时企业的外部宏观经济环境因素也会通过企业内部相关指标影响财务状况。基于此，以下分析了文化创意企业财务困境形成的可能原因：

1. 宏观经济环境

任何经济组织都是在宏观经济环境的大背景下发展起来的，受到宏观经济环境状况的影响。文化创意产业具有一定的公益性，以往的文化创意企业多以国有大型企业为主，包括出版企业、传媒企业等，企业一般规模较大，可以顺利进行融资发展，陷入财务困境的可能性较低。近年来，随着经济发展水平的提高和互联网科技的快速发展和普及，文化创意产业的经济性逐渐凸显，"互联网+文化创意"发展迅速，文化创意企业如雨后春笋般发展壮大，特别是民营文化创意企业发展迅速，市场竞争越来越激烈，企业面临的相关财务风险越来越多。文化创意产业的发展离不开国家财政政策和税收政策的支持，当国家提高对文化创意产业的财政投入力度，会带动文化创意企业发展，企业陷入财务困境可能性则会降低。同样地，文化创意产业具有一定的公益性质，国家的相关税收政策也会更多倾向于支持企业的发展，对部分文化创意产品和服务实施免征或减征营业税和增值税，减轻了文化创意产业的税收压力和企业的财务负担。

此外，文化创意企业的快速发展离不开文化创意产业相关的人才和制度支持。创意阶层的培育是文化创意产业发展的重要基础，是文化创意企业发展的人才保障。如果文化创意企业拥有更多的创意人才，可以推动产业的可持续发展，降低企业陷入财务困境的可能性。随着北京、上海、杭州等地区推出促进文化创意产业发展的政策、法规和意见，这些地区的文化创意企业获得了快速发展的契机，企业在相关扶持政策的鼓励下发展更为迅速，企业的研发和业务拓展等也可以更加顺畅地进行，企业陷入财务困境的风险也会降低。

2. 财务相关因素

财务风险是影响文化创意企业财务困境最直接的因素，直接关系到企业能否正常经营管理，与企业的研发活动和业务拓展有直接关联。相关财务指标的恶化则会导致企业陷入财务困境，致使企业的正常发展受到限制。文化创意企业的财务风险主要表现为流动资金短缺、资产负债率增长等方面。

企业相关财务指标不理想引发的财务困境主要体现在以下几个方面：企业负债率过高，债务成本上升，或者应收账款、存货等管理不善，可能导致企业流动性不足，甚至出现资不抵债；企业的销售额下降，成本上升，或者经营管理不善，都可能导致企业盈利能力下降，甚至出现亏损；文化创意企业多以中小企业为主，抗击外在可能发生的风险的能力较弱，容易受到外在风险因素的影响，进而导致企业相关的财务指标出现恶化，使企业出现财务困境问题。

3. 内部治理因素

公司的内部治理是影响企业财务状况的重要因素，内部治理的好坏直接关系到财务状况健康与否，进而影响企业是否有陷入财务困境的风险。国有产权企业因为有政府背景，其运营资金一般较为充足，陷入财务困境的可能性较低。而民营企业一般都是自筹资金，自负盈亏，财务困境风险一般较高。公司的股权集中度也会影响企业的财务困境风险，一般股权集中在大股东手中，可以有利于大股东监督企业的经营管理，避免相关风险因素的出现，保证公司顺利运营。同时，股权过于集中也可能导致大股东的"掏空"行为，影响公司的健康发展。此外，公司的管理层治理因素和董事会治理因素也会影响文化创意企业财务健康状况。管理层是企业决策的具体执行人，对企业的运营和管理承担直接责任。拥有一支结构合理、配合良好的管理层是企业顺利运营的重要保障，是企业战术决策的重要制定者，对于企业的正常发展具有重要影响。董事会则是企业战略决策的重要制定者，指引着企业发展的方向，对文化创意企业的治理起到监督和定向的作用，也会对企业的正常经营、发展和财务状况产生重大影响。

（二）企业财务困境风险特点

文化创意企业以中小企业为主，现代企业管理制度还在完善过程中，文化创意企业陷入财务困境的可能性增大。文化创意企业财务困境风险具有以下几个特点：

1. 风险的隐蔽性

文化创意企业整体上质量参差不齐，企业面临着各种不确定的风险因素，而且大部分风险都具有一定的隐蔽性。文化创意企业的无形资产价格评估高低不一，企业的收益具有一定的不确定性，这些因素容易影响企业的可持续发展，特别是对于那些积累少、资产规模较小的文化创意企业，使其有陷入财务困境的风险。此外，在投资者对文化创意企业投入相关资金之后，如果未能对企业的经营管理和资金状况进行有效监督，也可能会使文化创意企业存有侥幸心理，擅自改变资金的投向，一旦投资失败，将增加文化创意企业陷入财务困境的可能性。

2. 风险的持续性

文化创意企业陷入财务困境不是一时的问题，往往会持续较长的时间，需要企业采取有效的措施进行调整和改进，才能摆脱相关问题。首先文化创意企业起初通常会遇到资金周转困难的问题，企业面临资金紧张状况，导致企业的正常经营受到影响，但是企业可以通过自身调整和外部协助解决相关问题。其次如果企业不能及时克服资金周转困难，便会面临现金流不足，出现支付紧张问题，应付债务也难以按时还本付息。企业不能及时解决经营亏损问题，负债水平会继续攀升，企业的资产质量和价值会持续下降，导致企业面临财务危机。最后企业的财务危机如果不能及时解除，企业就可能走向破产和重组。总之，文化创意企业的财务困境是一个逐步加深的过程，如果不能及时发现和解决问题，就有可能陷入严重的财务困境。

3. 风险波及面较大

文化创意产业与其他产业具有千丝万缕的联系，企业的财务困境可能会波及多个方面，包括企业的供应商、客户、员工、股东等，对整个产业链和市场生产造成较大的影响和冲击。文化创意企业陷入财务困境可能会影响投资者的收益和投资价值，例如，如果企业的财务状况不佳，可能导致股价下跌，从而造成投资者的投资价值降低。对于员工来说，企业的经营不善可能导致员工的工作岗位不稳定，企业无法按时支付供应商的货款，影响供应商正常经营。同时，文化创意企业陷入财务困境也会影响到其他的利益相关者，例如政府的税收和就业，社会公众对于企业的信任度等。

四、本章小结

本章分析了文化创意企业的发展特征、财务困境公司特征以及企业财务困境成因和特点，为下文的相关研究开展奠定基础。文化创意企业以创意、知识等无形资产为主，具有高收益高风险特点，企业呈现集聚发展趋势并加速进行数字化转型。从文化创意企业的区域分布来看，大多数文化创意产业上市公司分布在东部地区，中部地区和西部地区企业数量较少，而中部地区的企业财务困境风险最高，东部地区和西部地区则较低。具体从各省份来看，河北、湖北、青海、新疆和云南企业财务困境风险较高，广西、贵州、辽宁、陕西和西藏企业财务困境风险居中，而北京、福建、广东、浙江、福建、江苏、安徽等 18 个省份企业财务困境风险较低。从文化创意企业的资产规模来看，企业财务困境较多的企业规模多集中在 10 亿元以下，且随着资产规模的增长，企业陷入财务困境的概率越低，0~5 亿元资产规模企业为较高财务困境风险等级，5 亿~10 亿元资产规模企业为高财务困境风险等级，10 亿~15 亿元、15 亿~20 亿元、20 亿~30 亿元资产规模企业属于中风险等级，30 亿元以上资产规模的企业财务困境风险较低。通过对文化创意企业财务困境的成因分析发现，主要包括企业财务因素、企业内部治理因素和宏观经济因素。文化创意企业财务困境风险具有隐蔽性、持续时间长和波及面广的特征。

第四章 文化创意企业财务困境
预警指标体系构建

构建文化创意企业财务困境预警指标体系是预警前提，在分析研究文化创意企业财务困境现状后，本章进入财务困境预警指标体系构建环节。企业财务困境预警包括两个核心步骤：一是企业财务困境指标体系的构建，并对相应的指标体系进行识别；二是预警模型的构建。通过对现有企业财务困境预警指标体系的分析可以发现，企业财务困境指标体系不仅包括财务指标，而且随着研究的深入发现财务指标和非财务指标相结合能够更加准确地提升企业财务困境预警能力。因此，本章从财务指标和非财务指标两个方面选择文化创意企业财务困境预警指标。

一、现有企业财务困境预警指标体系

企业财务困境一般会体现在相关的指标上，财务困境预警指标的选取直接关系到预警模型的准确性和有效性。由于我国文化创意企业资产以无形资产为主，企业经营的波动性较大，发展财务困境的风险较高。为了降低文化创意企业发生财务困境的可能性，可以通过建立企业财务困境预警模型来对相关风险进行预测，而建立预警模型的首要工作就是建立预警指标体系。

（一）现有企业财务困境预警指标体系构成及筛选

Altman 等（1998）提出了由五个变量构成的预警指标体系，分别是运营资本与总资产之比、留存收益与总收益之比，息税前收益与总资产之比、债务总额与市值之比以及销售额与总资产之比等。Platt 和 Platt（2002）提出财务困境预警指标体系主要以财务指标为主，二级指标主要包括企业的盈利能力、营运能力、成长能力和偿债能力等，三级指标包括净资产收益率、存货周转率、净利润增长率、流动比率等。王玉龙等（2022）在进行企业债务违约风险预警时选取了企业盈利能力、偿债能力、成长能力、现金流水平、成本水平、营运能力、资本结构七个方面的财务指标。

随着研究的深入发现财务指标具有历史性、短视性等缺点，仅采用财务指标不足以预测企业财务困境，因此将非财务指标引入预警模型，如企业的外部发展环境（经济、行业以及政策等）因素。章之旺和吴世农（2005）研究发现，当上市公司所处的行业经历经济困境时，企业加杠杆会使企业陷入财务困境。Tinoco 和 Wilson（2013）、Tinoco 等（2018）将会计指标、市场指标以及宏观变量指标引入上市公司破产预测，研究发现将会计、市场和宏观经济变量结合起来，可以提高企业财务困境模型的性能、准确性和及时性。

现有关于文化创意企业财务困境预警的研究较少，而其预警指标更多的是采用传统的财务指标。Li 和 Sun（2012）在对我国酒店业破产预测时延续使用了 Altman（1998）提出的五个财务变量。冯朝军（2017）基于我国目前出版企业发展特点，从盈利水平、偿债能力、营运水平和发展能力等方面构建出版企业财务风险预警指标体系。杨秀瑞等（2015）基于新技术和新媒体给出版企业带来的严峻挑战，从出版企业的内部环境和外部环境两个方面分析了出版企业面临的财务风险。

通过前文分析可以看出，现有的企业财务困境指标体系主要包括两个类型：一是企业的财务指标，即反映企业财务状况的指标，主要来源于企业的资产负债表、现金流量表和利润表三个财务报表；二是企业的非财务指标，包括宏观经济指标、中观市场指标和微观企业公司治理指标，相关数据主要来源于各个数据库，如国家统计局、CMSAR 数据库和锐思数据库等。

但是，相关文献所选取的企业财务困境预警指标的来源各不相同，有的通过参考其他学者的研究选取相关指标，有的结合行业特征进行指标的选取，还有的通过参考传统的预警指标体系，并结合所选择行业的特殊环境进行指标的选取。通过文献梳理可以发现，现有研究中针对文化创意企业财务困境预警指标的相关研究较少，仍然具有较大的探索空间。

同时，学者对于获得的预警指标体系的筛选方法也有所差别，主要方法包括显著性分析、相关性分析、主成分分析法等。王竹泉和张晓涵（2021）在进行上市公司财务困境预警时，首先采用 K-S 检验指标变量的正态性，然后分别采用独立样本 T 检验和曼-惠特尼 U 检验判断指标变量的显著性检验。侯旭华和彭娟（2019）在对四家专业互联网保险公司的财务风险进行预警研究时，采用相关性分析进行指标变量的选择，剔除了相关性较高的变量。胡胜等（2018）在对我国房地产上市公司进行信用风险预警前便对企业偿债能力、营运能力、发展能力和宏观经济指标五个方面的指标进行主成分分析。

陈欣欣和郭洪涛（2022）以我国农业上市公司为研究对象，为解决变量间的相关性问题采用因子分析法进行指标变量的降维。

（二）现有体系的不足

企业财务困境预警指标体系的相关研究成果丰富，但是仍然存在一些不足之处：

1. 预警指标体系中财务指标使用过多

由于我国社会主义市场经济建立时间不长，现代企业制度建设尚不完善，企业的相关监督管理制度仍然有待健全，企业财务指标以外相关的数据收集难度较大。一些学者为了便于研究，在指标选取时往往过多地选用财务指标，而忽视了非财务指标在企业财务困境预警中的作用。我国的文化创意企业财务困境预警研究中也多以财务指标为主，缺乏相关非财务指标，为了更好地进行财务困境预警，有必要将非财务指标纳入预警模型中。

2. 相关文献为了涵盖尽可能多的财务困境影响因素而选择过多指标

企业出现财务困境的可能性受到整个经济系统中多种因素的影响，有着错综复杂的原因，但是不可能将所有影响因素纳入预警指标体系中，这样得出的指标体系也会缺乏针对性，对于企业财务困境预警的意义不大，并可能影响模型性能。此外，在构建企业财务困境预警指标体系时也要考虑到指标数据的可获得性，这样才能保证后续开展研究。

3. 选取的预警指标体系间可能存在高度相关性问题

大多数文献在进行企业财务困境预警研究时采用的指标体系都未进行多

重共线性检验，而指标变量间的内在相关性是客观存在的，高度相关性的指标变量不仅会导致重复作业，而且会降低部分预警模型准确率，因此有必要在预警前进行指标变量的多重共线性检验，以排除共线性对预警模型性能的影响。

4. 缺乏针对文化创意产业特征的相关预警指标

文化创意产业的核心是创意和创新，企业拥有的资产多以无形资产为主，即轻资产在文化创意企业中占据主导地位，而以固定资产为主的重资产在企业中的占比较低，这也是文化创意企业被排除在传统的融资体系之外的原因之一，增加了企业陷入财务困境的可能性。此外，文化创意企业的发展受到国家相关扶持政策、经济发展的影响较为显著，因此有关宏观经济变量也应纳入预警模型。宏观经济变量对于企业财务困境的影响在相关研究中得到了验证（Duffie 等，2007；Hensher 等，2007；Figlewski 等，2012；Chen 和 Kieschnick，2018），但相关研究中针对文化创意企业的宏观经济变量的研究则较为稀少，例如各地的文化教育支出、知识产权保护水平以及高等教育人数等。而这些宏观经济指标对于文化创意企业的发展相对来说较为重要，文化教育支出较多的地区表明文化创意企业发展活力较强，知识产权保护水平体现了一个地区对于知识产权的保护程度，而受过高等教育的人数往往体现了一个地区的创意阶层规模，而这些对于文化创意企业的发展较为重要。

二、文化创意企业财务困境预警指标
体系设计方案

（一）指标体系的设计思路

设计科学合理客观的文化创意企业财务困境预警指标体系是进行企业财务困境预警的前提，企业财务困境形成的原因错综复杂，同时文化创意产业有着不同于其他产业的特性，因此企业财务困境预警指标体系的设计是一个较为烦琐的过程，需要进行较为严密和全面的思考。本章在设计文化创意企业财务困境预警指标体系过程中的具体思路如图4-1所示。

根据图4-1可以发现，本章在构建文化创意企业财务困境预警指标体系时，首先通过大量的文献阅读发现企业财务困境预警指标体系不仅包括财务指标，而且包括非财务指标。其次要针对文化创意产业特性进行企业预警指标的选取，这样的指标体系才更加具有针对性。再次明确企业财务困境预警分项指标的来源，确定企业数据获取的方法。针对文化创意企业财务困境预警财务指标，本章在参考相关研究中的指标体系的基础上，采用频数统计法进行变量筛选，并结合文化创意特性将无形资产比率纳入；而非财务指标的选取是在考虑文化创意产业特性和借鉴相关研究的基础上进行的。在初步筛选出文化创意企业财务困境预警指标体系后，考虑到指标变量间可能存在较高的相关性从而影响预警模型的性能，本章对初选的指标体系进行多重共线

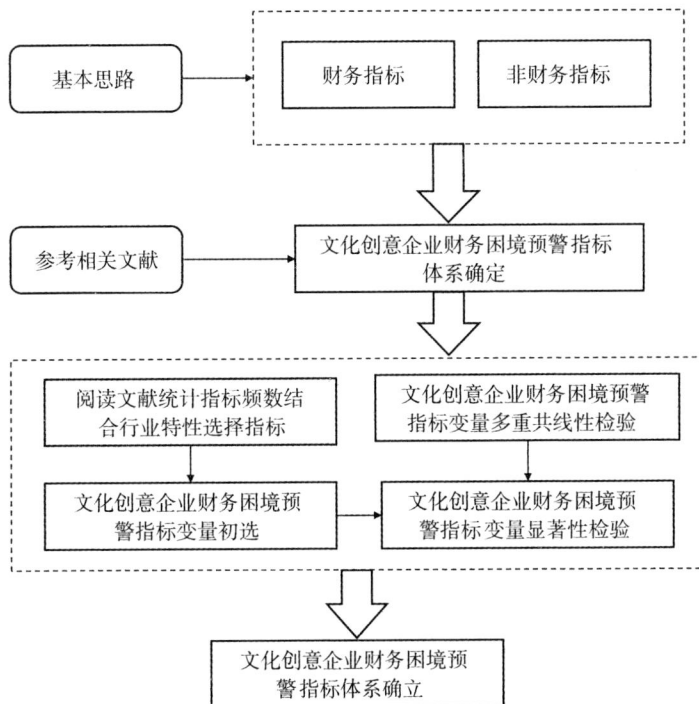

图 4-1　文化创意企业财务困境预警指标体系设计思路

性检验，删除那些方差膨胀因子高于 5 的变量，并对得到的分项指标体系进行描述性统计。最后取各分项指标体系的滞后项进行显著性检验，确定各期的最终预测变量。

（二）指标体系的基本结构

文化创意企业财务困境预警在本质上也属于企业财务困境预警的一部分，但是在构建指标体系时需要考虑文化创意产业的行业特性，这样构建的指标体系才更加具有针对性和准确性。根据上文指标体系的设计思路，本章构建的指标体系应包括财务指标和非财务指标两个大类，其中财务指标包括文化创意企业的盈利能力、营运能力、成长能力和偿债能力等，而非财务指标包括宏观经济环境指标和公司治理等企业内部指标。本章构建的文化创意企业财务困境预警指标体系基本结构如图4-2所示。

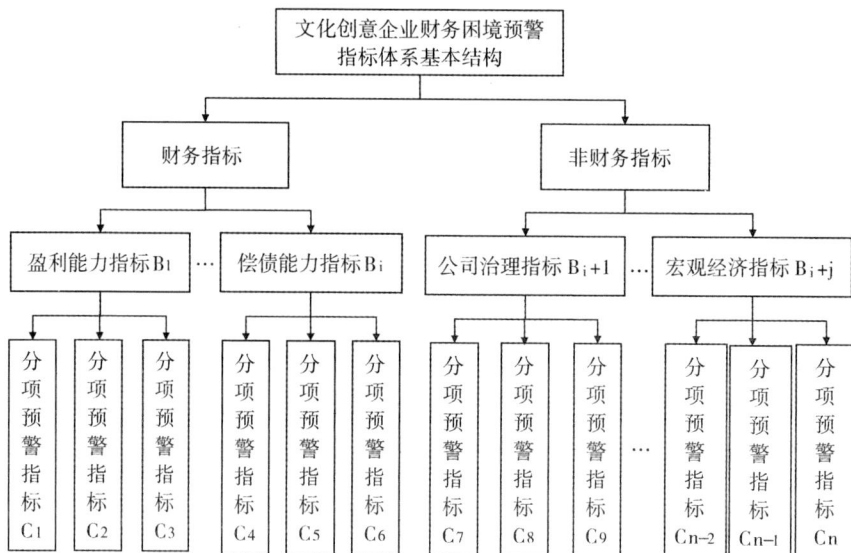

图4-2 文化创意企业财务困境预警指标体系基本结构示意

三、文化创意企业财务困境预警指标体系构建

（一）指标体系设置原则

文化创意产业有其自身的行业特性，在选择预警指标体系过程中在借鉴

相关研究的基础上，还必须考虑文化创意企业自身特点，进行全面、有针对性的筛选。在构建文化创意企业财务困境预警指标体系时需要遵循以下指标体系选择的原则：

1. 全面客观性原则

构建文化创意企业财务困境预警指标体系的目的在于准确地反映文化创意企业财务困境的所有可能的影响因素。因此，必须在充分借鉴研究的基础上，结合文化创意产业的特征进行指标的选取，以求所构建的指标体系既能够体现企业财务困境的一般特征，又能反映文化创意企业特性。

2. 财务指标和非财务指标相结合原则

对于文化创意企业财务困境预警指标的选取需要考虑财务指标和非财务指标，其中财务指标可以直接取自企业的财务报表，而非财务指标则包括企业的内部治理、宏观经济变量等，取自国家统计局、CMSAR 数据库等。

3. 可操作性原则

在考虑文化创意企业财务困境预警指标全面客观性的同时，要考到指标体系的可操作性。理论上，导致文化创意企业财务困境的因素有很多，包括定量的指标和定性的指标，但是在实际选取过程中，我们不仅要考虑相关指标变量全面客观性，而且要考虑到相关指标的可操作性。在现实研究中，不可能将所有影响因素都包含进去，一方面是由于相关的影响因素数据难以获取，另一方面是纳入的影响因素太多不便于实际操作。

4. 指标变量的独立性原则

由于在文化创意企业财务困境预警指标体系选取过程中遵循了全面客观性原则，那么在选择指标变量时难以避免重叠现象。这种重叠问题可能会影响到后续的预警模型。因此指标选取过程中在遵循全面客观性原则的基础上，还应该遵循变量间的独立性。为了保证变量间的独立性，可以进行指标变量的相关性分析，将其中相关程度大的变量予以删除，这样不仅可以改进预警模型性能，而且可以减轻部分工作量。

5. 指标变量的针对性原则

本章以文化创意企业为研究对象，文化创意产业的核心是创意，文化创意企业主要以中小企业为主，轻资产在企业所有资产中占据较大比例。因此，在指标变量的选取过程中要充分考虑文化创意产业特性，有针对性地选取指标，以便更加准确、客观地反映文化创意企业财务困境状况。

（二） 财务指标的确定

为了确定文化创意企业财务困境预警指标，本章先对财务指标的各分项变量进行选择和分析。通过阅读大量文献资料和分析文化创意企业，确定出选择的财务指标包括盈利能力、营运能力、成长能力和偿债能力。

1. 盈利能力

盈利能力是指公司能够正常营业并赚取利润的能力。企业正常营业是赚取利润的前提，而利润是企业持续运转的保障。同时，企业只有在盈利的前提下才有还本付息的能力，不至于陷入财务困境。盈利能力可以从三个角度来看，一是企业资产的盈利能力，即利用企业所拥有的资产创造利润的能力，如企业总资产报酬率。二是企业资本的盈利能力，即利用企业股东资本创造利润的能力，如企业的净资产收益率。三是企业商品或服务的盈利能力，即企业所拥有的产品和服务给企业创造的利润，例如销售净利率等。

2. 营运能力

营运能力是指企业在日常经营管理活动中，有效管理和运营企业资源、优化业务流程、控制成本、提高效率，从而提升企业的利润的能力。企业的有序运营与企业的收益有着密不可分的联系，如果一家企业运营能力较强，相应地，创造利润的能力也较强，企业能够按时还本付息的可能性更高，企业陷入财务困境的可能性就会越低。反之，如果一家企业的正常运营和管理都无法开展，那么将会影响企业的盈利能力，企业陷入财务困境的可能性则会上升。营运能力主要通过存货周转率、应收账款周转率、流动资产周转率、总资产周转率等分项指标进行分析，可以通过将这些指标与同行业中的其他企业进行比较，进而了解企业的资产运营情况。

3. 成长能力

企业的成长能力是企业在不断变化的市场环境中，通过创新和发展来增加企业规模、提高盈利能力和市场竞争力。企业的成长能力是企业成功的关键因素之一。企业通过自身的累计收益和外部融资等其他方式，扩大企业的经营规模，带动企业利润的增长。因此，一个企业发展前景如何，是否可能陷入财务困境，成长能力指标也是投资者考虑的一个重要方面。文化创意企业一般通过产品或项目的衍生服务获取收益，尽管企业产品的研发、创作和培育的周期一般较长，但是一旦产品或项目取得成功，将为企业带来超额收益，因此要更加关注文化创意企业的长远发展能力。企业的成长能力通常通过多个指标衡量，包括净利润增长率、净资产增长率、总资产增长率等。这些指标反映了企业的不同方面的成长表现，如盈利能力、资产规模等。同时，这些指标也可以帮助投资者和其他利益相关者评估企业的未来成长潜力和市场竞争力。

4. 偿债能力

偿债能力是指企业面对债务偿付压力时，能够按时足额偿还债务的能力。企业是否具有足够多的现金应付日常开支和偿还到期债务是企业是否健康的重要标志。企业的偿债能力通常包括静态偿债能力和动态偿债能力两个方面，静态偿债能力是指企业以其收益或资产清偿到期的长短期债务的能力，而从动态方面来看，企业的偿债能力表征着企业运用其资产，通过一定的业务流程创造利润用以偿还到期债务的能力。常用于衡量企业偿债能力的指标有流动比率、速动比率、无形资产比率和现金比率等，这些指标的异常变动会带来企业的支付困难，出现债务违约风险，进而可能导致企业出现财务困境状况。

通过以上分析，本章确立了文化创意企业财务困境预警的财务指标体系，在充分阅读企业财务困境预警研究的相关文献后，选择其中的 30 余篇国内外文献作为分项指标的来源数据库，最终筛选出的财务指标如表 4-1 所示。

表 4-1 基于频数统计法的企业财务困境财务指标体系

一级指标	二级指标	频数统计	指标释义
盈利能力	净资产收益率	29	净利润/净资产
	销售净利率	14	净利润/销售收入
	资产报酬率	12	息税前利润/平均总资产
	营业利润率	11	营业利润/营业收入
营运能力	存货周转率	37	主营业务成本/存货平均余额
	应收账款周转率	32	主营业务收入/应收账款平均余额
	总资产周转率	30	主营业务收入/平均资产总额
	流动资产周转率	23	主营业务收入/平均流动资产总额

续表

一级指标	二级指标	频数统计	指标释义
成长能力	总资产增长率	25	（总资产本年数−总资产上年数）/总资产上年数
	净资产增长率	17	（净资产本年数−净资产上年数）/净资产上年数
	净利润增长率	17	（净利润本年数−净利润上年数）/净利润上年数
偿债能力	流动比率	38	流动资产/流动负债
	速动比率	37	速动资产/流动负债
	资产负债率	37	总资产/总负债
	现金比率	14	（现金+现金等价物）/流动负债
	无形资产比率	3	无形资产/资产总额

在盈利能力二级指标中，①净资产收益率反映了企业每年获得的净利润占其股东权益的比例，其值越高，表明企业资金利用效率越高，企业投资的收益水平越高。而企业投资的收益水平越高，表明企业陷入财务困境的可能性越低。②销售净利率衡量的是企业销售产品或服务给企业带来的收益水平，投资者不仅要关注企业的销售收入额绝对值的增加，而且要关注净利润相对于销售收入的增长情况。如果只有销售收入绝对值的增长，带动企业相关费用也同步增长，而企业的净利润未必能实现同比例增长，这个时候关注企业的销售收入绝对额对于投资者来说就失去了意义。因此，销售利润率更加能够反映企业的销售获利水平。一般来说，销售利润率越高，企业的销售获利水平越高，企业盈利能力越强，企业陷入财务困境的可能性越低。③资产报酬率衡量的是企业利用所拥有的所有资产的获利能力，这一分项指标是一个较为综合的指标，企业的总资产包括所有者权益和负债。因此企业可以通过提高企业资产的运营效率，提升销售利润率，加快资产周转速度等提高企业的盈利能力。一般来说，企业的资产报酬率越高，企业的盈利能力越强，企业陷入财务困境的可能性越低。④营业利润率衡量的是企业的经营效率，在

考虑营业成本的条件下，企业通过改善经营获取的利润水平。企业的营业利润率越高，盈利能力越强，陷入财务困境的可能性越低。

在营运能力二级指标中，①存货周转率是主营业务成本与存货平均余额的比值，反映了存货的变现能力的强弱。企业存货管理水平越高，存货周转越快，企业的变现能力则越强，偿还企业短期债务能力越强，企业陷入财务困境的可能性则越低。②应收账款周转率是主营业务收入与应收账款平均余额的比值，应收账款是企业流动资产的重要组成部分，如果应收账款能够顺利收回，则企业就可以有足够的流动资金用于偿还到期债务，而若是企业的应收账款不能顺利收回或出现坏账，那么不仅会增加企业的相关费用，而且可能会出现违约风险，导致企业陷入财务困境。③总资产周转率是主营业务收入与企业平均资产总额的比值，衡量企业总资产的运转效率，从总体上表征企业的经营发展能力。一般来说，企业的总资产周转率越高，企业的总资产的利用效率就越高，企业偿还各种债务的能力也越强，企业陷入财务困境的可能性越低。所以，企业一般可以通过薄利多销等策略提升资产的周转速度，提升企业应对财务困境相关风险的能力。④流动资产周转率是主营业务收入与平均流动资产总额的比值，企业的流动资产是企业偿还短期债务的主要来源，因此流动资产周转率对于减少企业的支付危机至关重要。企业可以将暂时闲置的资金用于短期投资实现收益，也可以采取相应措施提升产品销售量，加速流动资产周转，缓解可能发生的财务危机。

在成长能力二级指标中，①总资产增长率是企业总资产的增长情况，该指标值越大，表明企业的资本积累能力越强，保障未来发展的资产越雄厚，企业陷入财务困境的可能性越低。②净资产增长率是衡量公司净资产增长速度的财务指标，表征着企业扩大再生产的情况，一般来说净资产增长率越高，企业正处于规模扩张阶段，企业资产的保值增值能力越强，企业陷入财务困境的可能性越低。③净利润增长率是企业最终经营成果的增长情况，这里的最终成果是扣除各种利息和税收以外的净利润，这些成果可以用于未来的股权分红或扩大再生产等。因此企业净利润增长率越高，企业可以拥有更多的资金用于解决未来可能发生的财务困境问题。

在偿债能力二级指标中，①流动比率是流动资产与流动负债的比值，流动资产是企业在一定营业周期内可以变现的资产，其与流动负债的比值越高，表明企业偿还短期到期债务的能力越强，企业陷入财务困境的可能性则越低。②速动比率中速动资产是流动资产中扣除变现能力较弱且不稳定的存货等其他流动资产后的余额。③资产负债率表明企业的举债经营状况，这一指标一般不能超过100%，否则企业便会有陷入财务困境的可能。④现金比率相较于流动比率和速动比率更能体现企业的债务偿还能力。⑤无形资产比率主要是针对文化创意企业而言，其资产主要是以知识产权、版权以及品牌商标等为主的无形资产，这些资产的正常运营和管理是企业获取利润的重要保障之一，也是企业偿债的重要保障。

（三）非财务指标的确定

非财务指标可以弥补财务指标可被粉饰、具有短视性等缺点，更好地帮助企业管理者和投资者等进行财务困境预警。在大量文献阅读的基础上，结合文化创意产业特性，本章从股权结构、公司治理、投资者保护和宏观经济指标等方面构建文化创意企业财务困境预警的非财务指标，具体的指标体系如表4-2所示。

表 4-2　文化创意企业财务困境非财务指标体系

一级指标	二级指标	指标释义
股权结构	产权性质	若企业为国有控股则取值为 1，否则取值为 0
	股权集中度	前十大股东持股比例
公司治理	女性高管占比	女性高管人数/高管总人数
	高管平均年龄	企业高管年龄的平均数
	高管平均学历	其中，在高管中中专及以下取值 1，大专取值 2，本科取值 3，硕士研究生取值 4，博士研究生取值 5
	董事会会议次数	报告年度董事会会议召开次数
	两职兼任	当企业的总经理和董事长为同一人时取值为 1，否则取值为 0
	独立董事比例	独立董事人数/企业董事总人数
投资者保护	代理成本	管理费用/资产总额
	年报披露时间间隔	按照年报披露时间距离报告年度 12 月 31 日的间隔天数
	审计意见类型	当企业被出具标准无保留意见时赋值为 1，其他赋值为 0
宏观经济指标	GDP 增长率	与上一年同期相比，我国国内生产总值的增长情况（GDP 增长按年和省份进行数据收集）
	失业率	失业人口数/（就业人口数+失业人口数），人口数是 16 周岁至退休年龄人数，按地区和年度统计
	居民消费价格指数	该指标是城乡居民消费指数的综合汇总
	科教文卫支出占比	科教文卫支出/财政支出
	高教人数比例	地区受过高等教育人数/地区人口总数
	市场化指数	借鉴王小鲁等（2016）编制的我国各地区市场化指数
	知识产权保护水平	各地区的专利申请量
	互联网普及率	借鉴李丽莉等（2022）的研究，采用各省网民人数/各省年末总人口进行计算

在股权结构二级指标中，①产权性质是区分国有企业和其他企业的重要指标，一般来说国有资本控股比例超过 51%，可以认为该企业为国有企业，否则为其他企业，如民营企业和外资企业。一般认为，国有企业因为有政府背书，有的国有企业本身就有银行等机构入股，企业的资金实力雄厚。民营

文化创意企业一般规模较小，企业的经营波动性较大，可供抵押的资产较少，难以获得正规金融机构的青睐，导致民营企业发展更容易受限，这类企业更容易陷入财务困境。②根据代理理论，随着第一大股东持股份额的增大，大股东会积极参与企业的运营和管理，对于企业管理层的运营和管理进行适当监督，为企业的顺利运转提供有益的指导，同时可以及时制止管理层可能的自利行为而损害公司的整体利益，保证企业的正常运转，可以有效降低企业陷入财务困境的可能性。一般认为，股权集中度的增强，可以避免企业出现财务危机。雷振等（2017）研究发现，随着股权集中度的提升，企业发生企业财务风险的可能性显著下降。

在公司治理二级指标中，又可以进一步分为高管团队结构和董事会治理。①在高管团队结构中，传统观点认为女性相对于男性是风险厌恶者，女性高管一般追求企业的稳定发展，可以避免企业因为过度扩张产生的财务风险。Martin 等（2009）研究发现，相较于男性 CEO，女性 CEO 具有更为稳健的经营和管理方式，可以降低企业的相关风险。李颖等（2016）研究发现增加文化创意企业中女性高管的比例对企业的绩效有正向影响。②尽管如此，也有一些研究发现 CEO 性别对企业的风险影响并不显著。一般认为年龄较大的管理者往往倾向于维持企业的稳定运营，而年龄较小的则正好相反，他们往往勇于创新，接受挑战。但是年龄较大的拥有广泛的社会网络关系和丰富管理经验，这些能力对于企业应对相关风险挑战十分重要，包括获取企业发展所需的资金。潘爱玲和于明涛（2013）研究认为我国文化企业进行专制改革时间较短，现代企业管理制度有待完善，企业高管的网络关系和管理经验就显得至关重要。因此文化企业管理团队的平均年龄越大，企业财务绩效就越高。得出类似相关结论的还有杨萱（2016）。③高管的平均学历是一个企业管理层面的重要指标之一，企业水平高低可能会对企业财务困境产生影响，而文化创意企业的核心是创意，高素质的管理者是企业发展必不可少的要素之一。④在公司的董事会治理中，董事会会议可以发挥沟通桥梁作用，也可以对管理层的工作进行恰当的监督，规避相关不利企业的行为。同时董事会也可以通过董事会的召开为企业发展方向提供指引，避免企业陷入经营困境，陷入财务困境。黄晓波和王慧（2017）以沪深 A 股农业上市公司为例，发现董事会会议召开次数与企业财务风险呈现负相关。⑤两职兼任是一种常见的公司治理模式，也可能对企业财务困境产生影响。两职兼任可能导致企业管理者权力过大不利于企业发展，也可能使董事会的决策得到更好的贯彻。文化创意企业的两职分离可以使董事长和总经理各司其职，争取外部资源，促进内容有效经营管理，共同推动企业发展，同时可以抑制管理者权力过大出现的贪腐等问题，促进企业稳定发展。而两职兼任可以更好地推动文化创意企业相关项目的进程。徐志武（2019）以我国出版上市公司为研究样本，认为两职分离有利于董事会内部监督和获取相关的资源支持，促进出版企业经济绩效提升。⑥一般认为，公司的独立董事多为财务、法律、投资等方面的专业人才，拥有广泛的社会网络，可以为企业发展带来一定"资源"支持。同时，企业的独立董事可以为企业的管理和决策提供咨询服务，凭借其独立性，提供客观、公正的建议。文化创意企业往往面临融资约束和产品或服务市场的不确定性，独立董事可以为文化创意企业发展提供一定助力。初旭和周杰（2013）研究发现独立董事为文化创意型企业提供了发展所需的社会资本，促进了企业经营绩效的提升。

在投资者保护二级指标中，①代理成本是管理费用与资产总额的比值，一般认为代理成本越高，企业陷入财务困境的可能性越大。我国文化创意企业以中小企业为主，企业的相关管理规范化水平较低，企业管理者容易借助相关漏洞作出满足自己利益或提高市场声誉的决策，导致企业代理成本增加，企业出现现金流问题。②中国证券监督管理委员会对上市公司企业年报的披露有时间规定，同时企业也应遵循年报披露的及时性原则，以便投资者作出正确的决策。但是实际上，上市公司在年报披露中往往会因为各种原因未按照规定的时间进行披露。汪方军等（2008）研究发现，当公司出现亏损时，企业的年报披露一般都更加不及时。③审计意见类型是企业管理者和投资者等利益相关者可以参考的重要指标，其直接说明企业的财务状况。张继勋等（2011）研究认为，当审计师出具标准无保留意见时，表示企业的经营较为稳健，企业具有一定的投资价值。

从宏观经济指标二级指标来看，①各地 GDP 增长率表征着地区的经济发展水平，一般认为经济发展水平越高，文化创意企业的发展也越快。文化创意产品或服务属于人类的高层次需求，是经济发展的高级阶段。②失业率是经济衰退的象征，一般认为较高的失业率会影响居民的收入，进而可能限制人们的消费，尤其是一些更高层次的消费，将影响文化创意企业的产品或服务的销售，进而使企业发展受阻。③居民消费价格指数是地区物价水平的表征，一般认为地区的物价水平越高，居民的实际收入越低，限制了人们的消费能力。④科教文卫支出是政府财政支出的重要组成部分，对于推动与文化创意产业相关企业的发展至关重要。因此，科教文卫支出占比越高，文化创意产业获取发展的机会越大，文化创意企业陷入财务困境的可能性越低。⑤各地受过高等教育的人数是地区文化创意产业创意阶层的重要储备库，对于创意产业发展至关重要。⑥市场化指数是地区的市场经济发展水平的表征，对于企业的发展也会产生重要影响。⑦文化创意企业的产品或服务多以专利、版权等无形资产为主，知识产权保护水平显得至关重要。⑧互联网普及率是数字经济发展的重要前提，互联网普及率对于文化创意企业的数字化转型也具有相当大的影响，因此应将这一指标纳入预警模型中。

四、文化创意企业财务困境预警指标数据

（一）数据来源

本章研究对象为文化创意产业上市公司，在参考以往文化创意产业相关分类标准的基础上，结合中国证监会产业相关分类标准，选取 493 家文化创意产业上市公司作为样本。

研究的时间范围为 2003~2020 年，收集在沪深上市的 493 家文化创意产业上市公司共 4733 个样本个案。在研究所使用的数据中，财务数据来源于锐思数据库（RESSET），非财务数据来源于国泰安数据库（CSMAR），而宏观经济指标的数据来自国家统计局、《中国统计年鉴》等，部分缺失数据通过各省统计年鉴和统计公报补充。研究删除了缺失值较为严重的样本案例，对于部分缺失值进行线性插补。

（二）多重共线性检验

为了消除文化创意企业财务困境预警指标间的多重共线性，同时检验各个指标间的相关性，本章首先使用方差膨胀因子（Variance Inflation Factor，

VIF）和容忍度（Tolerance，T）进行变量间多重共线性分析，一般认为变量的方差膨胀因子小于 10，则指标变量间不存在多重共线性问题，在严格一点的研究中认为方差膨胀因子应该小于 5。一般认为容忍度指标大于 0.2，表明变量间不存在强共线性问题（Wax，1992）。在本章中的指标变量的方差膨胀因子和容忍度分析的具体结果如表 4-3 所示。

表 4-3 多重共线性分析结果

变量名称	VIF 值	T 值	变量名称	VIF 值	T 值
净资产收益率	1.06	0.95	女性高管占比	1.05	0.95
资产报酬率	1.69	0.59	高管平均年龄	1.25	0.80
销售净利率	3.92	0.26	高管平均学历	1.13	0.89
营业利润率	3.90	0.28	代理成本	1.21	0.83
流动比率	1.27	0.79	年报披露时间间隔	1.17	0.86
速动比率	1.34	0.88	审计意见类型	1.38	0.73
现金比率	1.89	0.91	董事会会议次数	1.14	0.87
资产负债率	1.86	0.54	两职兼任	1.12	0.90
无形资产比率	1.10	0.91	独立董事比例	1.08	0.93
净利润增长率	1.31	0.76	失业率	2.25	0.45
净资产增长率	3.22	0.31	科教文卫支出占比	1.73	0.58
总资产增长率	3.34	0.30	居民消费价格指数	1.35	0.74
存货周转率	1.07	0.93	市场化指数	3.71	0.27
应收账款周转率	1.09	0.92	高教人数比例	3.28	0.31
流动资产周转率	2.12	0.47	知识产权保护水平	3.01	0.33
总资产周转率	1.97	0.51	互联网普及率	3.81	0.26
产权性质	1.35	0.74	GDP 增长率	2.42	0.41
股权集中度	1.20	0.84			

通过表 4-3 可以看出，所有的指标体现的容忍度都大于 0.2，方差膨胀

因子的值区间为 1.05~3.92，均小于 5，表明各个指标间不存在多重共线性问题。

（三） 指标描述性统计

表 4-4 是文化创意类上市企业财务指标的描述性统计结果。从文化创意企业盈利能力方面看，公司的净资产收益率均值为 0.0156，整体上低于谷永芬等（2020）的研究，表明文化创意企业的整体盈利情况较差，标准差为 0.3285，与谷永芬等（2020）的研究相似，最小值为 -2.2791，最大值为 0.4833，说明文化创意企业间的盈利情况存在一定差异。资产报酬率均值为 0.0473，最大值为 0.3199，最小值为 -0.5175，说明文化创意企业整体的资产利用效率较为合理。从企业销售净利率指标上来看，销售净利率均值为 0.0186，最大值为 0.5869，最小值为 -3.1850，说明文化创意企业的整体销售收入不高。企业营业利润率均值为 -0.0147，说明企业的整体营业效率较差，最大值为 0.5566，最小值为 -5.1384，反映出不同类型企业间的营业利润率相差较大。

表 4-4 财务指标描述性统计结果

变量名称	样本量	均值	中位数	标准差	最小值	最大值
净资产收益率	4733	0.0156	0.0726	0.3285	-2.2791	0.4833
资产报酬率	4733	0.0473	0.0560	0.1087	-0.5175	0.3199
销售净利率	4733	0.0186	0.0909	0.467	-3.1850	0.5869
营业利润率	4733	-0.0147	0.0923	0.6475	-5.1384	0.5566
流动比率	4733	0.0317	0.0191	0.0465	0.0001	0.8670
资产负债率	4733	0.3938	0.3584	0.2445	0.0398	1.5006

续表

变量名称	样本量	均值	中位数	标准差	最小值	最大值
无形资产比率	4718	0.0392	0.0221	0.0616	−0.2273	0.8950
净利润增长率	4733	−0.5072	0.1114	4.3194	−29.53	10.23
净资产增长率	4733	0.3275	0.0685	0.898	−0.9600	5.4604
总资产增长率	4733	0.2549	0.0996	0.5700	−0.5030	3.3098
存货周转率	4653	10.27	4.8558	59.66	0.0127	462.54
应收账款周转率	4733	16.31	4.3645	51.41	0.5035	416.71
流动资产周转率	4733	1.0186	0.8161	0.7300	0.0704	4.3125
总资产周转率	4733	0.5986	0.4969	0.5772	0	12.3729

从企业偿债能力方面看，企业的流动比率均值为 0.0317，表明文化创意企业短期债务偿还能力较弱，标准差为 0.0465，说明行业内各上市公司之间的流动比率结构相对稳定。另外可以看到，最大值和最小值相差约 0.86，表明极端个体之间流动比率差异较为明显。文化创意企业资产负债率均值为0.3938，略高于周晓光等（2018）的研究，表明文化创意产业整体的债务融资仍处于中等偏下水平。标准差为 0.2445，也高于周晓光等（2018）的研究，说明行业内企业间的债务融资能力差距有扩大的趋势。无形资产比率均值为0.0392，略低于周晓光等（2018）的 0.0505，最小值为−0.2273。从文化创意企业成长能力方面来看，净利润增长率的均值为−0.5072，说明文化创意企业整体业绩不佳。从文化创意企业净资产增长率指标上来看，均值为0.3275，反映出文化创意企业资本规模总体上处于扩张状态。企业总资产增长率均值为 0.2549。从文化创意企业的运营能力来看，企业的存货周转率均值为 10.27，从标准差、最大值和最小值的差看，企业间存货周转率差异较大。文化创意企业的应收账款周转率、流动资产周转率、总资产周转率均值分别为 16.31、1.0186 和 0.5986。

从表4-5中可以看出，从产权性质来看，产权性质指标的平均值为0.0532，说明大多数文化创意企业为非国有企业，这与韩飞和田昆儒（2017）的研究结果相似。从企业前十大股东持股比例来看，均值为57.26，与程素云和胡进（2017）的研究，我国传媒行业上市的前十大股东持股比例0.607相比要稍微低一些。

表4-5　非财务指标的描述性统计

变量名称	样本量	均值	中位数	标准差	最小值	最大值
产权性质	4733	0.0532	0	0.2245	0	1
股权集中度	4733	57.26	58.82	15.37	10.28	93.66
女性高管占比	4733	0.19	0.17	0.16	0	0.67
高管平均年龄	4733	47.41	47.43	3.502	34.45	60.86
高管平均学历	4729	3.42	3.46	0.52	1	8.50
代理成本	4733	0.06	0.05	0.048	0.0068	0.2918
年报披露时间间隔	4733	99.44	106	20.00	16	187
审计意见类型	4733	0.929	1	0.258	0	1
董事会会议次数	4733	9.933	9	4.053	1	43
两职兼任	4733	0.301	0	0.459	0	1
独立董事比例	4733	0.375	0.364	0.0558	0	0.750
GDP 增长率	4733	0.105	0.0964	0.0515	-0.0437	0.265
失业率	4681	2.894	3	0.951	1.200	6.500
科教文卫支出占比	4681	0.0617	0.0593	0.0226	0.0180	0.370
居民消费价格指数	4733	102.4	102.3	1.344	97.70	110.1
市场化指数	4733	9.200	9.350	2.294	0.697	14.49
高教人数比例	4733	0.190	0.138	0.134	0.0183	0.507
知识产权保护水平	4733	6.09	2.20	9.18	-0.62	53.51
互联网普及率	4733	0.557	0.610	0.197	0.0215	0.790

从文化创意产业上市公司的高管治理方面来看，就女性高管占比指标的

描述性统计来说，文化创意企业女性高管占比的均值为 0.19，中位数为 0.17，而路军（2015）的研究发现，一般上市公司的女性高管占比的均值为 0.1454，中位数为 0.1333，可见文化创意产业上市公司总体上女性高管比例略高于整体上市公司。就企业高管平均年龄来说，其平均值为 47.41 岁，而尹夏楠等（2021）以 A 股上市公司为样本研究发现我国 A 股上市公司高管平均年龄为 48.44 岁，基本相当。

从文化创意产业上市公司投资者保护方面来看，文化创意产业 A 股上市公司的代理成本均值为 0.06，略低于 A 股整体上市公司的 0.095，代理成本的最小值为 0.0068，最大值为 0.2918，均低于 A 股整体上市公司的水平，说明文化创意产业上市公司整体代理问题相较于其他 A 股上市公司较为理想。就公司的年报披露间隔时间指标来看，最大值为 187 天，最小值为 16 天，说明文化创意产业上市公司各企业的年报披露时间间隔差距较大。文化创意产业上市公司的审计意见类型指标的均值为 0.929，略低于杨华领和马云飙（2021）研究的 0.959，说明文化创意产业上市公司有 92.9% 的审计报告是标准无保留意见。

从文化创意企业董事会治理方面来看，企业董事会会议次数均值为 9.933 次，高于初旭和周杰（2013）研究的 8.737 次，表明随着时间的推移，文化创意产业上市公司的董事会监督控制的强度有所加大，最大值为 43 次，最小值为 1 次，说明各公司的董事会监督控制存在一定的差异。就文化创意企业的两职兼任指标来看，其均值为 0.301，高于李琳（2022）的研究，其研究显示沪深两市 A 股上市公司总体均值为 0.257，略低于初旭和周杰（2013）研究的 0.364，说明文化创意企业的两职兼任较为普遍，这与文化创意企业的创新性相关联。就文化创意企业独立董事比例指标来看，文化创意产业上市公司独立董事的均值为 0.375，与初旭和周杰（2013）研究的 0.369 相差无几，最小值为 0，最大值为 0.75。

就影响文化创意产业上市公司的宏观方面的指标来看，地区失业率均值为 2.894，表明各地失业率水平较为适中。各地的科教文卫支出占比均值为 0.0617，最大值和最小值相差 0.352，表明各地在科教文卫支出上存在较大差距。各地市场化指数均值为 9.2，极差为 13.793，表明各地区的市场经济发展水平存在较大差异。各地的知识产权保护水平指标均值为 6.09，极差为 54.13，表明各地在保护知识产权上也存在差异。各地的互联网普及率均值为 0.557，极差为 0.7685，随着国家新型基础设施建设的深入推进，各地的互联网普及率都得到了提升，各地间的差异在逐渐缩小。而各地区的高教人数比例、居民消费价格指数、各地的 GDP 增长率均值分别为 0.19、102.4、0.105。

（四）指标的显著性检验

上市公司陷入财务困境并不是突然的，而是持续的过程，即如果文化创意企业在 t 年陷入财务困境，那么选取财务困境状态的预警指标至少要比 t 年早。因为在企业陷入财务困境之前，会呈现出一定的特征，这些特征可以为我们进行财务困境预警提供有价值的参考。更早预警企业财务困境，可以较早地采取相关措施，避免企业财务状况进一步恶化。因而参照 Geng 等（2015）、田宝新和王建琼（2017）以及 Jabeur 等（2021），采用了文化创意企业（t-m）年（t=1，2，3，4）的数据建立模型来预测其是否在 t 年陷入财务困境，把前一年表示为（t-1）、前两年表示为（t-2）、前三年表示为（t-3）、前四年表示为（t-4）。

基于前文的分析，初步构建了文化创意企业财务困境预警的指标体系，从财务指标和非财务指标两个方面反映了文化创意企业的发展和运营状况，本章通过收集（t-m）年（t=1，2，3，4）指标数据建立预警模型预测企业在第 t 年是否陷入财务困境，由于指标变量对于模型的预警能力存在差异，为了提升效率，有必要探究哪些指标标量对企业财务困境状况影响显著。

显著性检验使用统计学方法判断样本中的差异是否具有统计学意义，即是否可能是由随机因素引起的。这种检验通常用于比较两个变量之间的差异，或将一个变量的观察值与理论值进行比较。本章为了验证选取的文化创意企业财务困境预警指标是否服从正态分布，首先采用 95% 置信水平下的 K-S（Kolmogorov-Smirnov）检验方法进行指标变量的正态分布检验；其次根据 K-S 检验结果，如果变量符合正态分布，则对这些符合正态分布的指标进行 95% 置信水平下的参数检验——独立样本 T 检验；最后如果通过 K-S 检验发现各类样本指标不符合正态分布，则对这些不符合正态分布的指标进行 95% 置信水平下的非参数检验——Mann-Whitney U 检验。通过以上步骤，可以判断影响文化创意企业财务困境的各指标变量在不同的样本类别中是否存在着显著性差异。

K-S 检验是一种非参数假设检验方法，用于检验样本是否来自某个已知分布。在进行 K-S 检验时，需要设定一个显著性水平（置信水平），本章将置信水平设置为 0.05。如果置信水平大于 5%，则表示拒绝原假设的标准变得更加宽松，即更容易接受原假设，样本数据服从正态分布，反之亦然。根据 K-S 检验结果，我国文化创意企业财务困境预警指标在不同时期的显著性结果如表 4-6 至表 4-9 所示。

表 4-6　（t-1）年 K-S 检验结果

变量名称	Kolmogorov-Smirnov Z	渐进显著性（双侧）
净资产收益率	6.842	0.000
资产报酬率	5.804	0.000
销售净利率	5.880	0.000
营业利润率	7.779	0.000
流动比率	6.505	0.000
速动比率	6.505	0.000
现金比率	6.523	0.000
资产负债率	7.615	0.000
无形资产比率	2.466	0.000
净利润增长率	3.728	0.000
净资产增长率	5.535	0.000
总资产增长率	6.663	0.000
存货周转率	1.722	0.000
应收账款周转率	1.401	0.040
流动资产周转率	2.298	0.000
总资产周转率	3.462	0.000
产权性质	1.550	0.016
股权集中度	4.246	0.000
女性高管占比	1.995	0.001
高管平均年龄	2.076	0.000
高管平均学历	2.551	0.000
代理成本	3.184	0.000
年报披露时间间隔	2.722	0.000
审计意见类型	5.641	0.000
董事会会议次数	**1.181**	**0.123**
两职兼任	1.440	0.032
独立董事比例	**0.337**	**1.000**
失业率	3.222	0.000
科教文卫支出占比	2.317	0.000
GDP 增长率	3.334	0.000

续表

变量名称	Kolmogorov-Smirnov Z	渐进显著性（双侧）
居民消费价格指数	1.454	0.029
市场化指数	4.744	0.000
高教人数比例	4.284	0.000
知识产权保护水平	5.350	0.000
互联网普及率	5.072	0.000

从表 4-6 中可以看出，文化创意企业陷入财务困境的前一年（t-1），董事会会议次数和独立董事比例两个指标的渐进显著性（双侧）大于 10%，根据 K-S 检验结果，这个指标服从正态分布，其他 33 个指标均不服从正态分布。

表 4-7　（t-2）年 K-S 检验结果

变量名称	Kolmogorov-Smirnov Z	渐进显著性（双侧）
净资产收益率	10.337	0.000
资产报酬率	9.397	0.000
销售净利率	9.511	0.000
营业利润率	10.201	0.000
流动比率	6.477	0.000
速动比率	6.545	0.000
现金比率	6.545	0.000
资产负债率	7.039	0.000
无形资产比率	2.350	0.000
净利润增长率	6.987	0.000
净资产增长率	8.685	0.000
总资产增长率	7.452	0.000
存货周转率	1.533	0.018
应收账款周转率	2.029	0.001

变量名称	Kolmogorov-Smirnov Z	渐进显著性（双侧）
流动资产周转率	3.860	0.000
总资产周转率	3.860	0.000
产权性质	1.710	0.006
股权集中度	4.284	0.000
女性高管占比	1.652	0.009
高管平均年龄	1.734	0.005
高管平均学历	3.244	0.000
代理成本	2.853	0.000
年报披露时间间隔	3.838	0.000
审计意见类型	5.995	0.000
董事会会议次数	**0.055**	**0.568**
两职兼任	1.496	0.023
独立董事比例	**0.474**	**0.978**
失业率	3.211	0.000
科教文卫支出占比	2.320	0.000
GDP 增长率	2.759	0.000
居民消费价格指数	1.559	0.015
市场化指数	4.453	0.000
高教人数比例	4.208	0.000
知识产权保护水平	5.392	0.000
互联网普及率	4.896	0.000

从表 4-7 可以发现，文化创意企业陷入财务困境的前两年（t-2），董事会会议次数和独立董事比例两个指标的渐进显著性（双侧）大于 10%，服从正态分布，剩余的 33 个变量不服从正态分布，需要进一步检验。

表 4-8 （t-3）年 K-S 检验结果

变量名称	Kolmogorov-Smirnov Z	渐进显著性（双侧）
净资产收益率	6.631	0.000
资产报酬率	5.106	0.000
销售净利率	5.878	0.000
营业利润率	6.824	0.000
流动比率	5.623	0.000
速动比率	5.671	0.000
现金比率	5.912	0.000
资产负债率	5.403	0.000
无形资产比率	2.172	0.000
净利润增长率	4.626	0.000
净资产增长率	4.956	0.000
总资产增长率	4.868	0.000
存货周转率	**0.921**	**0.364**
应收账款周转率	1.656	0.008
流动资产周转率	1.445	0.031
总资产周转率	2.899	0.000
产权性质	1.716	0.006
股权集中度	3.856	0.000
女性高管占比	2.335	0.000
高管平均年龄	1.575	0.014
高管平均学历	3.211	0.000
代理成本	1.469	0.027
年报披露时间间隔	3.167	0.000
审计意见类型	4.861	0.000
董事会会议次数	**0.750**	**0.627**
两职兼任	1.764	0.004
独立董事比例	**0.762**	**0.606**
失业率	3.075	0.000
科教文卫支出占比	2.551	0.000
GDP 增长率	3.672	0.000

续表

变量名称	Kolmogorov-Smirnov Z	渐进显著性（双侧）
居民消费价格指数	2.233	0.000
市场化指数	4.232	0.000
高教人数比例	4.225	0.000
知识产权保护水平	5.329	0.000
互联网普及率	4.773	0.000

从表4-8可以看出，文化创意企业在陷入财务困境的前三年（t-3）的影响指标中，存货周转率、董事会会议次数、独立董事比例三个指标的K-S检验显示渐进显著性（双侧）大于10%，这个指标服从正态分布，其余32个变量指标不服从正态分布，需要进一步检验。

表4-9   (t-4) 年 K-S 检验结果

变量名称	Kolmogorov-Smirnov Z	渐进显著性（双侧）
净资产收益率	4.892	0.000
资产报酬率	3.566	0.000
销售净利率	4.454	0.000
营业利润率	4.854	0.000
流动比率	5.270	0.000
速动比率	4.868	0.000
现金比率	5.036	0.000
资产负债率	4.355	0.000
无形资产比率	1.600	0.012
净利润增长率	3.197	0.000
净资产增长率	3.635	0.000
总资产增长率	4.011	0.000
存货周转率	**0.950**	**0.328**
应收账款周转率	1.641	0.009

变量名称	Kolmogorov-Smirnov Z	渐进显著性（双侧）
流动资产周转率	1.462	0.028
总资产周转率	3.056	0.000
产权性质	1.952	0.001
股权集中度	3.234	0.000
女性高管占比	2.698	0.000
高管平均年龄	**1.302**	**0.068**
高管平均学历	3.212	0.000
代理成本	**1.310**	**0.065**
年报披露时间间隔	2.916	0.000
审计意见类型	3.761	0.000
董事会会议次数	**0.546**	**0.927**
两职兼任	**1.304**	**0.067**
独立董事比例	**0.939**	**0.341**
失业率	2.829	0.000
科教文卫支出占比	2.457	0.000
GDP 增长率	3.022	0.000
居民消费价格指数	1.373	0.046
市场化指数	3.724	0.000
高教人数比例	4.016	0.000
知识产权保护水平	5.007	0.000
互联网普及率	4.412	0.000

从表 4-9 可以发现，文化创意企业在陷入财务困境的前四年（t-4）影响企业财务困境的指标中，存货周转率、高管平均年龄、董事会会议次数、独立董事比例、代理成本和两职兼任六个指标的 K-S 检验显示渐进显著性（双侧）大于 0.05，表明这六个指标服从正态分布，其他的 29 个影响指标不服从正态分布，需要进一步分析。

根据以上分析结果，本章将文化创意企业陷入财务困境前一年（t-1）

和前两年（t-2）的董事会会议次数、独立董事比例，前三年（t-3）的存货周转率、董事会会议次数和独立董事比例，前四年（t-4）的存货周转率、高管平均年龄、董事会会议次数、独立董事比例、代理成本和两职兼任指标进行独立样本 T 检验，对各类样本剩余的其他变量进行 Mann-Whitney U 检验，具体的统计检验如表4-10所示。

表4-10　样本指标 T 检验

年份	变量名称	T 值	Sig.（双侧）
t-1	董事会会议次数	-1.214	0.226
	独立董事比例	-0.143	0.886
t-2	董事会会议次数	-0.599	0.549
	独立董事比例	-0.351	0.726
t-3	存货周转率	-0.329	0.742
	董事会会议次数	-0.653	0.514
	独立董事比例	**-2.280**	**0.023**
t-4	存货周转率	-0.496	0.620
	代理成本	0.271	0.786
	董事会会议次数	-1.023	0.306
	高管平均年龄	**-2.889**	**0.004**
	两职兼任	**-3.363**	**0.001**
	独立董事比例	**-2.057**	**0.040**

从表4-10可以看出，对各类样本进行独立样本 T 检验后，发现文化创意企业陷入财务困境前一年（t-1）和前两年（t-2）的董事会会议次数和独立董事比例在两类企业之间不存在显著差异；企业前三年（t-3）的存货周

转率、董事会会议次数和独立董事比例三个指标中的独立董事比例在财务困境样本和财务正常样本间在 5% 的显著下存在显著差异，而存货周转率和董事会会议次数不存在显著差异；文化创意企业前四年（t-4）的存货周转率、代理成本和董事会会议次数三个指标变量在财务困境样本企业和财务正常样本企业间不存在显著差异，而高管平均年龄、两职兼任、独立董事比例在两类样本间在 5% 的显著水平下存在显著差异。

从表 4-11 可以看出，通过对各年样本指标中不服从正态分布的剩余指标进行 Mann-Whitney U 检验发现，文化创意企业陷入财务困境前一年（t-1）不服从正态分布的 33 个指标变量中，有 28 个指标在财务困境样本和财务正常样本间存在显著性差异，而无形资产比率、净利润增长率、应收账款周转率、科教文卫支出占比和居民消费价格指数五个指标在两类企业样本间不存在显著差异。文化创意企业陷入财务困境前两年（t-2），通过 K-S 检验不服从正态分布的 33 个指标中，有 31 个指标在财务困境样本企业和财务正常样本企业间存在显著差异，而科教文卫支出占比和居民消费价格指数两个指标变量在两类文化创意企业间不存在显著差异。在文化创意企业陷入财务困境的前三年（t-3）的所有不服从正态分布的 32 个指标中，有 29 个指标在财务困境样本和财务正常样本间存在显著性差异，而无形资产比率、流动资产周转率和代理成本三个指标在两类样本企业间不存在显著差异。在文化创意企业陷入财务困境的前四年（t-4）的指标中，不服从正态分布的 29 个指标中有 26 个指标通过 Mann-Whitney U 检验显示在两类样本间存在显著性差异，而无形资产比率、流动资产周转率和居民消费价格三个指标在两类样本企业间无显著性差异。

表 4-11　样本指标 Mann-Whitney U 检验不显著结果

年份	变量名称	Z 值	渐近显著性（双侧）
t-1	无形资产比率	-1.677	0.094
	净利润增长率	-1.628	0.104
	应收账款周转率	-1.341	0.180
	科教文卫支出占比	-0.834	0.404
	居民消费价格指数	-0.954	0.340
t-2	科教文卫支出占比	-1.762	0.078
	居民消费价格指数	-0.678	0.498
t-3	无形资产比率	-1.496	0.135
	流动资产周转率	-1.506	0.123
	代理成本	-0.675	0.500
t-4	无形资产比率	-0.619	0.536
	流动资产周转率	-1.021	0.307
	居民消费价格指数	0.001	1.000

综合以上分析可以发现，文化创意企业陷入财务困境前一年（t-1）的显著性指标有 28 个，占全部指标 35 个指标的 80%，前两年（t-2）的显著性指标有 31 个，占比为 88.57%，前三年（t-3）的显著性指标有 29 个，占比为 82.86%，前四年（t-4）的显著性指标有 26 个，占比为 74.29%。文化创意企业样本在各年的显著性指标占比均在 70% 以上，说明样本变量指标选取具有一定的合理性，大部分指标在财务困境样本和财务正常样本间都具有显著的差异性。

通过以上显著性检验可知，文化创意企业陷入财务困境前两年（t-2）的各项财务指标和非财务指标呈现显著性差异的数量最多，有 31 个指标呈现出显著性差异，其次是前三年（t-3）的各项财务和非财务指标，再次是前一年（t-1），最后是前四年（t-4）。具体到样本的指标来看，董事会会议次数在四个数据集中均不具有显著差异。存货周转率、流动资产周转率和代理成本在前三年（t-3）和前四年（t-4）的财务困境企业和财务正常企业间不具有显著性差异，而在文化创意企业前一年（t-1）和前两年（t-2）则具有显著性差异。居民消费价格指数在文化创意企业前三年（t-3）数据集中的财务困境样本和财务正常样本间具有显著差异，而在其他三个数据集中则没有显著差异。独立董事比例和科教文卫支出占比在（t-3）年、（t-4）年数据集中的两类样本间具有显著差异，而在前一年（t-1）和前两年（t-2）中不具有显著性，说明随着时间向前推进，独立董事比例不能显著地区别财务困境样本和财务正常企业。而净利润增长率、应收账款周转率等指标在文化创意企业前一年（t-1）不能显著地区分两类样本，说明这几个指标对文化创意企业财务困境的影响滞后期在两年以上。

五、本章小结

本章主要对文化创意企业财务困境预警指标体系进行了理论分析和指标筛选。主要有：

（1）探讨了现有的企业财务困境预警指标，主要包括财务指标和非财务指标，分析了分项指标进行筛选的主要方法，并指出现有指标体系存在的不足：收集的指标变量过于全面、过度依赖财务指标、指标变量间存在高度相关性、缺乏针对文化创意产业特征的相关预警指标。

（2）解析了文化创意企业财务困境预警指标设计的思路，构建了指标体系的基本结构，为后续文化创意企业财务困境预警指标体系的确立提供了思路、路径和架构。

（3）确定文化创意企业财务困境预警指标体系，论述了企业预警指标体系的选取原则：全面客观性原则、财务指标和非财务指标相结合原则、可操作性原则、指标变量的独立性原则、指标变量的针对性原则；基于文献分析，结合文化创意产业特性来确定预警指标体系。针对财务指标，基于企业的盈利能力、营运能力、成长能力和偿债能力四个方面，通过频数统计法确立 16 个文化创意财务困境风险财务指标。针对非财务指标，根据企业的公司治理、投资者保护和宏观经济三个方面确立 19 个非财务指标。

（4）分析最终选择出来的指标体系。首先介绍指标体系的数据取得；其次分析指标变量并进行了描述性统计；最后为了探究所选取的变量的显著性，对 35 个指标变量按照 t-m（m=1，2，3，4）年分别进行显著性分析。

第五章 基于 Logistic 回归模型的
文化创意企业财务困境预警研究

基于前一章构建的文化创意企业财务困境预警指标，本章构建 Logistic 回归模型研究财务困境预警。由于文化创意企业财务指标对财务困境状况具有直接的关联关系，因此本章先基于财务指标对企业财务困境进行预警研究，然后将非财务指标纳入预警模型。首先对 Logistic 回归模型进行变量设定和模型设计，分析模型的评估指标；其次实证分析不同年份的文化创意企业样本集，并对比预警模型在加入非财务指标前后的模型性能变化；最后采用 Logistic 回归模型分析影响文化创意企业财务困境的显著因素。

一、Logistic 回归预警模型的构建

（一）模型的变量设定

1. 被解释变量

本书以文化创意企业为研究对象，采用 Logistic 回归模型对企业财务困境

进行预警研究，按照文化创意企业是否被标记为 ST 划分为两种：一是财务困境企业；二是财务正常企业。在构建 Logistic 回归模型时，被解释变量的取值代表了一个文化创意企业所属的类别，即财务困境企业或财务正常企业。为了更方便地构建 Logistic 回归模型，将被标记为 ST 的文化创意企业界定为"positive"（阳性），取值为 1，而未被标记为 ST 的文化创意企业界定为"negative"（阴性），取值为 0。而关于文化创意企业是否被标记为 ST，在前文中已经详细论述，在此不再赘述。实行 ST 预警制度的目的是向管理者和投资者发出警告，并利用外部机制迫使企业提高经营绩效。如果企业被"特殊处理"预示着该企业将陷入财务困境。相关研究大部分以企业是否被"特殊处理"作为企业是否陷入财务困境的标志，例如 Xu 等（2014）、王昱和杨珊珊（2021）的研究。

2. 解释变量

基于第四章构建的文化创意企业财务困境预警指标体系，本章以前文确定的指标变量作为本章的解释变量。为了消除变量间的多重共线性问题，本章对这些指标进行相关性分析，然后再带入预警模型。

（二）模型设计

1. 逻辑回归模型

逻辑回归（Logistic Regression，LR）模型是一种对数线性分类模型，可以用于二元分类的概率计算，该模型具有解释性强且易理解等优点，是应用最为广泛的传统分类模型之一（Abdou 等，2016）。本章选取逻辑回归模型进行文化创意企业财务困境预警，根据影响企业财务困境指标变量计算样本企业陷入财务困境的概率，一般认为当概率值大于 0.5，则将样本判定为财务困境类样本，反之则为财务健康类样本，并根据概率来计算预警模型的整体性能。此外，本章的财务指标过多往往不能都保证其变量间的独立性，在进行财务困境预警前会对变量进行因子分析，以达到降维的目的。

假设影响文化创意企业财务困境的指标为 $x = (x_1, x_2, \cdots, x_p)$，用逻辑回归模型计算企业陷入财务困境的后验概率为：

$$f(x, \beta) = P(y = 1 | x, \beta) = \frac{\exp(\beta^T x')}{1 + \exp(\beta^T x')}, \tag{5-1}$$

在式（5-1）中，$\beta = (\beta_0, \beta_1, \cdots, \beta_p)^T$ 是逻辑回归模型的参数，$x' = (1, x_1, \cdots, x_p)^T$，$y$ 是文化创意企业是否陷入财务困境的标识变量，即 0-1 变量：

$$y = \begin{cases} 1, & \text{陷入财务困境的文化创意企业} \\ 0, & \text{财务正常的文化创意企业} \end{cases} \tag{5-2}$$

以 $P(y = 1 | x, \beta)$ 作为后验概率来判断文化创意企业是否陷入财务困境，设定 $P(y = 1 | x, \beta) > 0.5$ 时，表示文化创意企业出现财务困境风险，反之则处于财务正常状态。设 (x_i, y_i)，$i = 1, 2, \cdots, m$ 是样本数据，其中 $x_i = (x_{i1}, x_{i2}, \cdots, x_{ip})^T$ 是第 i 个样本，y_i 是第 i 个样本是否陷入财务困境的标识变量，建立逻辑回归预警模型就是根据已有的样本数据进行训练学习，估计出最优的回归参数 $\beta = (\beta_0, \beta_1, \cdots, \beta_p)$。对于逻辑回归模型求解，通常考虑对数似然损失函数。

$$\begin{aligned} cost[f(x, \beta), y] &= \begin{cases} -\log[f(x, \beta)], & y = 1 \\ -\log[1 - f(x, \beta)], & y = 0 \end{cases} \\ &= -y\log[f(x, \beta)] - (1 - y)\log[1 - f(x, \beta)] \end{aligned} \tag{5-3}$$

通过最小化下面样本对数似然损失函数来实现对于 β 的估计：

$$J_1(\beta) = \frac{1}{m} \sum_{i=1}^{m} \text{cost}[f(x_i, \beta), y_i]$$

$$= -\frac{1}{m} \sum_{i=1}^{m} \{y_i \log[f(x_i, \beta)] + (1 - y_i) \log[1 - f(x_i, \beta)]\} \quad (5-4)$$

这也是通常所说的极大似然估计（MLE）。

2. 五折交叉验证

五折交叉验证是一种常用的模型评估方法，相关学者认为可以通过交叉验证提升模型的预警性能。本章将样本数据集分为五个等份，然后每次选取其中四个作为训练集来构建 Logistic 回归模型，剩下一个作为测试集检测模型性能，这样可以得到五组不同的训练集和测试集。然后针对每个训练集和测试集，分别训练模型和评估模型的性能指标（如准确率、精确率、召回率等），最终取平均值作为 Logistic 回归模型的性能指标。

二、基于 Logistic 回归模型的文化创意企业财务困境预警实证分析

（一）模型的评价指标

1. 混淆矩阵

企业财务困境预警是典型的二分类问题，可以建模成二分类任务，关于本章中的文化创意企业财务困境预警研究，最原始的分类是陷入财务困境的

文化创意企业为"positive"（阳性），取值为 1，财务正常的企业为"negative"（阴性），取值为 0，根据样本的真实状态和预测结果的可能种类，可以将预测结果排列组合后得到四种结果，具体如表 5-1 所示。

表 5-1 预测结果的混淆矩阵

		真实值	
		ST	非 ST
预测值	ST	TP（True Positive）	FP（False Positive）
	非 ST	FN（False Negative）	TN（True Negative）

根据表 5-1 的混淆矩阵，我们可以将预测结果分为四类：TP（True Positive），真阳性，即模型的预测结果为财务困境类样本，而该样本的真实属性也具有财务困境问题。FP（False Positive），假阳性，即模型的预测结果为陷入财务困境的企业样本，而该样本真实状态为未陷入财务困境类样本。FN（False Negative），假阴性，即模型的预测结果为财务正常样本企业，而该样本企业的真实状态是陷入了财务困境。TN（True Negative），真阴性，即模型预测该样本结果为财务正常，而该样本的真实结果也是财务正常状态。

根据以上混淆矩阵，在已经知道模型预测结果的情况下，将其与真实情况进行比对，从而可以判断具体模型的效果。根据不同的判定模型优劣势的方法，主要可以通过以下评价指标进行判断。

准确率（Accuracy），即分类模型所有的正确判断结果占所有判断结果的比重，其表达式为：

$$Accuracy = \frac{TP + TN}{TP + TN + FP + FN} \tag{5-5}$$

精确率（Precision），即在模型预测为阳性（出现财务困境的文化创意企业）的所有结果中，模型预测正确的比率，其表达式为：

$$Precision = \frac{TP}{TP + FP} \qquad (5-6)$$

召回率（Recall），即在真实值为阳性（出现财务困境的文化创意企业）的所有结果中，模型预测正确的比率，其表达式为：

$$Recall = \frac{TP}{TP + FN} \qquad (5-7)$$

$F1$ 是一个综合性指标，同时兼顾了精确率和召回率，可以看作精确率和召回率的综合平均，其表达式为：

$$F1 = \frac{2PR}{P + R} \qquad (5-8)$$

在式（5-8）中，P 代表精确率（$Precision$），R 代表召回率（$Recall$），$F1$ 指标综合了精确率（$Precision$）和召回率（$Recall$）的产出结果，一般取值范围为 0~1，1 代表模型输出结果最好，0 代表模型的输出结果最差，也就是 $F1$ 取值越大，模型的输出结果越好。

BS 值描述了模型样本的预测结果和真实状态间的平均误差，其取值范围为 0~1，一般来说 BS 越小，表明模型的预测平均误差越小，模型的预测效果越好，其表达式为：

$$BS = \frac{1}{N} \sum_{i=1}^{N} (p_i - y_i)^2 \qquad (5-9)$$

在式（5-9）中，p_i 表示第 i 个样本的预测概率，y_i 是第 i 个样本的真实标签值，N 是样本的数量。

2. 受试者工作特征曲线

受试者工作特征曲线（Receiver Operating Characteristic，ROC），又称 ROC 曲线，以假阳性率（FPR）为 X 轴，真阳性率（TPR）为 Y 轴。该指标

用来衡量分类模型绩效，而分类能力的大小则体现了模型的优劣。

FPR（False Positive Rate），假阳性率，即被模型错误判定为财务困境的样本数与集中所有实际上为财务正常的样本数据的比值，其具体表达式为：

$$FPR = \frac{FP}{FP + TN} \tag{5-10}$$

TPR（True Positive Rate），真阳性率，即被模型正确判定为陷入财务困境的样本数与集中所有真实值为 1（陷入财务困境）的样本数据的比值，该指标和召回率是同一概念，其表达式也与召回率相同，具体为：

$$TPR = \frac{TP}{TP + FN} \tag{5-11}$$

在具体的文化创意企业财务困境的预警中，我们的目标是准确地辨别出陷入财务困境的文化创意企业，即真阳性率（TPR）的取值越高越好。此外，在预警任务中，不仅需要准确地辨别出陷入财务困境的样本企业，而且要关注未陷入财务困境的样本企业，即把未陷入财务困境的样本误判为财务困境样本的概率——假阳性率（FPR），该指标一般越低越好。真阳性率（TPR）和假阳性率（FPR）呈现相反相关，随着采样的继续，越不可能是财务困境的样本被采样出来，真阳性率（TPR）会降低，而假阳性率（FPR）会增大。

如图 5-1 所示，灰色虚线的斜率为 0.5，表示随机猜测的概率，ROC 在虚线上方表示该模型的预测结果比随机猜测的概率高；反之，则比随机猜测的概率低。一般而言，ROC 曲线下面的面积越大表示该预警模型的预测效果越好。ROC 曲线可以直观地表示出各个模型对数据集的预测效果，ROC 曲线以下的面积大小一般用 AUC 的取值来表示，AUC 的取值区间为 0~1，AUC 的值越大表明模型的预测准确性越高；反之则越低。一般而言当 AUC 的值为 0.5 时，表明该模型和随机猜测的概率大小一样，该模型没有任何分类意义；

当 AUC 的取值大于 0.5 小于 0.7 时，表明该模型的分类能力较差；当 AUC 的取值大于 0.7 小于 0.8 时，表明该模型具备一定的分类能力且可以用来进行分类；当 AUC 的值大于 0.8 小于 0.9 时，表明该模型具有较好的分类能力；当 AUC 的值大于 0.9 时表明该模型的分类能力较为突出。

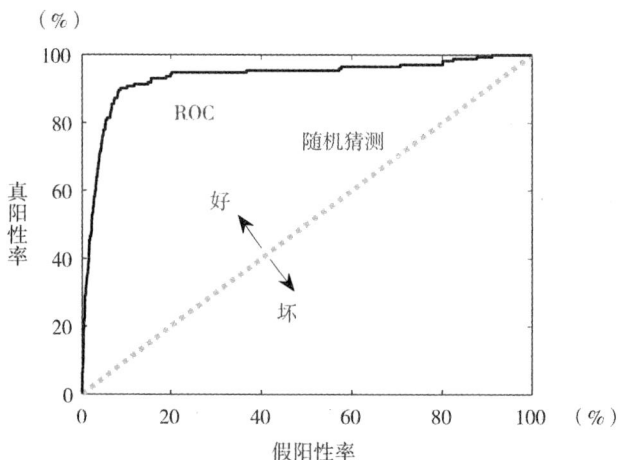

图 5-1 ROC 曲线示意

（二）实证结果分析

1. 仅包括财务指标的实证结果

大多数学者在进行企业财务困境预警时，往往使用企业被标记为"ST"或"*ST"前一年或前两年得到的财务数据来实现较高的预测精确度，因为一家企业当年是否收到"ST"或"*ST"标签往往取决于该公司的前两年的财务状况。随着研究的深入，试图采用企业被标记为 ST 前三年、前四年甚至更长时间的财务状况数据进行企业财务困境预警研究（Geng 等，2015；Wang 等，2018）。本章综合以上分析，收集文化创意企业被标记为"ST"或

"*ST"前一年（t-1）、前两年（t-2）、前三年（t-3）和前四年（t-4）四个有关企业财务状况的数据集进行财务困境预警研究，将前文选择的文化创意企业财务困境影响因素中的财务指标带入 Logistic 回归模型进行预警分析。根据 Logistic 回归模型，得到以下结果，如表5-2所示。

表5-2　仅包括财务指标 Logistic 回归模型在各时期的性能

年份	准确率	召回率	精确率	F1 得分	BS
t-1	**0.9467**	0.0622	**0.4828**	0.1102	**0.0465**
t-2	0.9415	**0.0731**	0.4706	**0.1265**	0.0489
t-3	0.9320	0.0234	0.2083	0.0422	0.0574
t-4	0.9301	0.0203	0.2857	0.0379	0.0600

由表5-2可知，在 Logistic 回归模型中，各个年份的准确率都在0.93以上，表明 Logistic 回归模型在各个年份的总体准确率较高。但是准确率指标具有明显的缺陷，尤其是在面对分布不平衡的数据时。因此需要观察其他的指标，从召回率和精确率这两个指标来看，（t-1）年和（t-2）年这两个年份的结果明显好于（t-3）年和（t-4）年，（t-1）年和（t-2）年的召回率和精确率各有优势，需要综合衡量，从 F1 得分的结果来看，（t-2）年的模型预测结果要明显好于（t-1）年。因此，总体来看（t-2）年数据集的预测结果要好于（t-1）年。而在 BS 取值上，（t-1）年的数值最小，（t-2）年的数值次之，两者相差不大，而（t-3）年和（t-4）年的 BS 值相较于（t-1）年和（t-2）年明显较大，表明（t-1）年数据的模型效果略好于（t-2）年，而（t-1）年和（t-2）年模型效果明显好于（t-3）年和（t-4）年。综合以上指标，在仅包括财务指标的数据集中，在 Logistic 回归模型中，（t-2）年的模型效果和（t-1）年的模型效果总体较（t-3）年和（t-4）年的模型效

果更好，(t-1) 年和 (t-2) 年的模型效果几乎相当，为了进一步对比这两个时期的模型效果，本章将进一步对比这两个数据集的 ROC 曲线下的面积。

　　为了更加直观地对比不同数据集在 Logistic 回归模型下的预警能力，图 5-2 为四个不同的年份预警模型的 ROC 曲线。可以看出 (t-2) 年的曲线最靠近坐标平面的左上角，同时通过计算可得出该年的 ROC 曲线下方的面积，即 AUC 指为 0.83，在所有时期的 AUC 结果上的得分最高，明显好于 (t-1) 年、(t-3) 年和 (t-4) 年。(t-4) 年的 ROC 曲线比较靠近图中的对角线，通过计算其 ROC 曲线下方的面积为 0.76，是四个年份中的最小值。而 (t-1) 年和 (t-3) 年的 ROC 曲线在图中介于 (t-2) ~ (t-4) 年，在各自 ROC 曲线下方的面积分别为 0.77 和 0.78。通过 ROC 曲线我们可以看出，在仅含有财务指标的数据集中，(t-2) 年在 Logistic 回归模型中的效果最好。

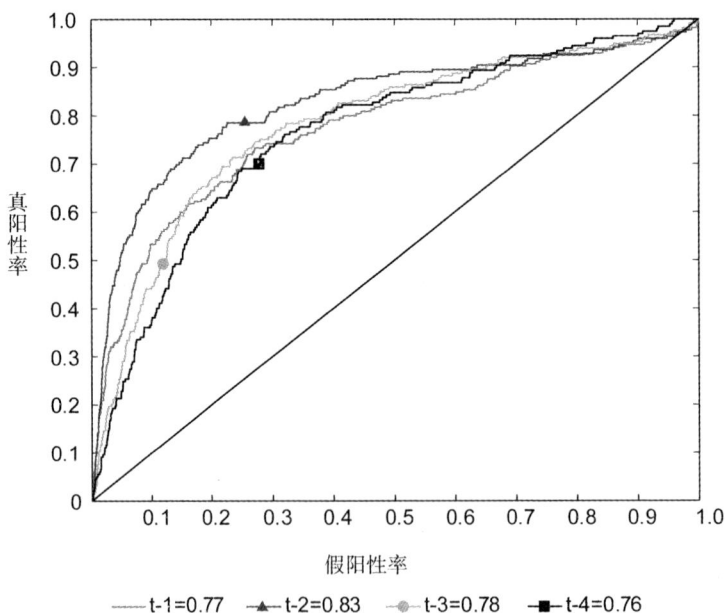

图 5-2　仅包括财务指标 Logistic 回归模型的 ROC 曲线

综合以上模型指标的结果可以发现，在仅包括财务指标的（t-2）年在 Logistic 回归模型中的效果最好，其次是（t-3）年，而（t-1）年和（t-4）年在此模型中效果较差。

2. 纳入非财务指标的实证结果

为了进一步探究非财务指标在文化创意企业财务困境预警研究中的重要作用，将非财务指标加入 Logistic 回归模型中，根据以上模型衡量指标，得到非财务指标加入后的模型结果如表 5-3 所示。

表 5-3　Logistic 回归模型在引入非财务指标前后的性能对比

时期	是否引入非财务指标	准确率	召回率	精确率	F1 得分	BS
t-1	否	0.9467	0.0622	0.4828	0.1102	0.0465
	是	**0.9472**	**0.1644**	**0.5068**	**0.2484**	**0.0432**
t-2	否	0.9415	0.0731	0.4706	0.1265	0.0489
	是	0.9404	**0.2009**	0.4681	**0.2812**	**0.0463**
t-3	否	0.9320	0.0234	0.2083	0.0422	0.0574
	是	0.9305	**0.0986**	**0.3443**	**0.1533**	**0.0542**
t-4	否	0.9301	0.0203	0.2857	0.0379	0.0600
	是	0.9264	**0.0609**	**0.2927**	**0.1008**	**0.0589**

从表 5-3 中总体可以看出，包括非财务指标的 Logistic 回归模型在各个时期的绩效总体上都要好于仅包括财务指标的 Logistic 回归模型。在准确率方面，包括非财务指标的（t-1）年数据集要略高于未包括非财务指标的数据集，而在（t-2）年、（t-3）年和（t-4）年三个数据集中，仅包括财务指标的数据集绩效要略好于包括非财务指标的数据集，但是二者之间的差距不大。

而在召回率、精确率、F1 得分和 BS 四个模型指标上，包括非财务指标的数据集的绩效都要优于仅包括财务指标的数据集，可见将非财务指标加入 LR 模型的重要性。进一步细化各个时期的数据集来看，（t-1）年和（t-2）年数据集的模型绩效明显优于（t-3）年和（t-4）年数据集，（t-1）年数据集的准确率、精确率和 BS 值略好于（t-2）年数据集，而在模型召回率和 F1 得分等指标上（t-2）年数据集要好于（t-1）年数据集。

为了进一步对比包括非财务指标的 Logistic 回归模型在各个数据集上的绩效，将进一步对比各种数据集的 ROC 曲线，如图 5-3 所示。

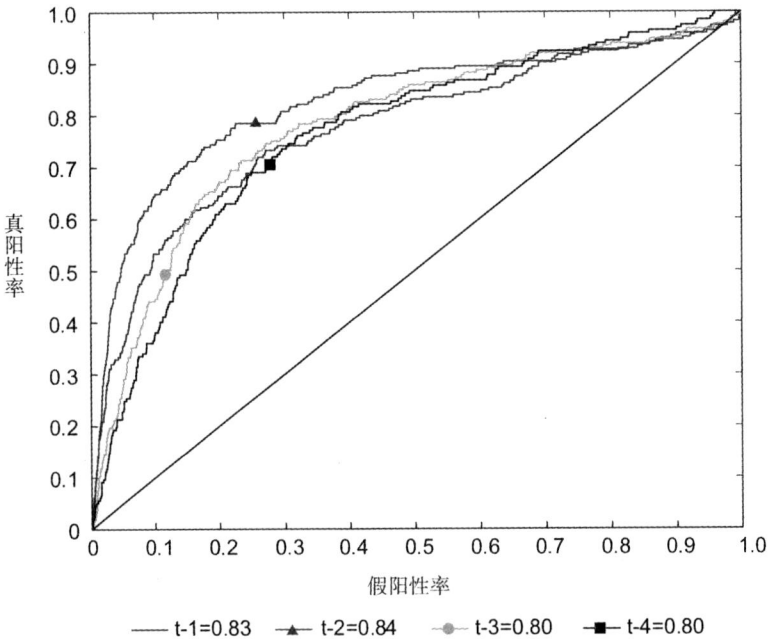

—— t-1=0.83　—▲— t-2=0.84　—●— t-3=0.80　—■— t-4=0.80

图 5-3　引入非财务指标的 Logistic 回归模型的 ROC 曲线

图 5-3 可以看出，在包括非财务指标的 Logistic 回归模型中，（t-2）年

数据集的 ROC 曲线最靠近整个坐标轴的左上角，同时 ROC 曲线以下的面积，即 AUC 值为 0.84。而（t-1）年数据集 ROC 曲线以下的面积为 0.83，低于（t-2）年数据集的面积大小。（t-3）年和（t-4）年数据集的 ROC 曲线距离对角线较近，其 AUC 值为 0.8，低于（t-1）年和（t-2）年数据集的 AUC 值，表明随着时间的推移，文化创意企业在接近被标记为 ST 或 *ST 标签时的数据集的分类能力较好。结合前文关于包括财务指标的 Logistic 回归模型的其他判断指标，同样可以得出（t-2）年数据集的模型预测效果最佳。此外，进一步对比仅包括财务指标和包括非财务指标数据集中 Logistic 回归模型的 AUC 值可以发现，包括非财务指标的数据集在各个时期的 AUC 值都大于仅包括财务指标的数据集，进一步证明将非财务指标纳入文化创意企业财务困境预警研究的必要性。

三、文化创意企业财务困境预警指标
逻辑回归分析

为了进一步探究 Logistic 回归模型中对预警模型结果产生显著影响的指标，进而在文化创意企业财务困境风险防范中予以重点关注，在前文研究的基础上，选择 Logistic 回归模型预测效果最好的（t-1）年和（t-2）年数据集进行回归分析，进而选出对文化创意企业财务困境的影响显著的指标，如表 5-4 和表 5-5 所示。

表 5-4 （t-1）年 Logistic 回归结果

变量名称	B	S. E.	Wals	df	Sig.	Exp（B）
净资产收益率	-0.073	0.046	2.538	1	0.111	0.930
资产报酬率	**-1.221**	**0.397**	**9.468**	**1**	**0.002**	**0.295**
销售净利率	-0.002	0.001	1.755	1	0.185	0.998
营业利润率	0.015	0.009	2.866	1	0.090	1.015
流动比率	**-11.547**	**4.608**	**6.280**	**1**	**0.012**	**0.000**
资产负债率	-0.030	0.096	0.097	1	0.756	0.970
净资产增长率	0.022	0.012	3.313	1	0.069	1.022
总资产增长率	-0.050	0.105	0.223	1	0.636	0.952
存货周转率	0.000	0.000	0.030	1	0.862	1.000
流动资产周转率	0.118	0.139	0.721	1	0.396	1.125
总资产周转率	-0.306	0.249	1.521	1	0.218	0.736
产权性质	0.338	0.516	0.429	1	0.512	1.403
股权集中度	**-0.027**	**0.005**	**24.134**	**1**	**0.000**	**0.974**
女性高管占比	-0.352	0.479	0.540	1	0.463	0.703
高管平均年龄	-0.041	0.024	2.888	1	0.089	0.960
高管平均学历	-0.235	0.151	2.423	1	0.120	0.790
代理成本	**1.031**	**0.377**	**7.498**	**1**	**0.006**	**2.805**
年报披露时间间隔	0.001	0.004	0.034	1	0.854	1.001
审计意见类型	**-1.917**	**0.196**	**95.540**	**1**	**0.000**	**0.147**
两职兼任	-0.040	0.197	0.041	1	0.840	0.961
失业率	-0.089	0.118	0.570	1	0.450	0.915
GDP 增长率	0.117	1.774	0.004	1	0.947	1.125
市场化指数	-0.092	0.054	2.883	1	0.090	0.912
高教人数比例	**-2.809**	**1.234**	**5.177**	**1**	**0.023**	**0.060**
知识产权保护水平	0.000	0.000	3.886	1	0.094	1.000
互联网普及率	0.056	0.691	0.007	1	0.935	1.058
常量	4.720	1.445	10.670	1	0.001	112.191

通过表 5-4 可以发现，在（t-1）年数据集中，资产报酬率、流动比率、股权集中度、审计意见类型、高教人数比例五个指标对文化创意企业财务困境的影响显著为负，代理成本与文化创意企业财务困境间则显著为正。具体来看，资产报酬率反映了企业的盈利能力，一般来说，企业的资产报酬率越高，企业的盈利能力越强，企业陷入财务困境的可能性越低，在表 5-4 中，资产报酬率的系数为 -1.221，显著性水平为 5%。流动比率反映了文化创意企业短期偿债能力，一般而言，企业的流动比率越高，企业的短期偿债能力越强，企业陷入财务困境的可能性越低，文化创意企业的流动比率系数为 -11.547，且在 10% 的显著水平下显著。股权集中度与文化创意企业财务困境呈现负相关，表明文化创意企业的股权集中度越高，第一大股东受到的制约程度越大，可以避免其相关的掏空公司行为，维护中小股东和利益相关者的权益，降低文化创意企业陷入财务困境的可能性。审计意见类型与文化创意企业财务困境呈现显著性负相关，表明当审计事务所出具标准无保留意见时，企业陷入财务困境的可能性较低，其系数为 -1.917，显著性水平为 1%。各地高教人数比例也与文化创意企业是否陷入财务困境呈现负相关，即各地的高教人数比例越高，企业陷入财务困境的可能性越低，这与文化创意企业的产业性质相关，文化创意产业的发生离不开创意阶层的出现。而受过高等教育的人群是创意阶层的重要组成部分，其系数为 -2.809，显著性水平为 10%。代理成本的系数为 1.031，其显著性水平为 10%，表明文化创意企业的代理成本越高，企业陷入财务困境的概率越大，这可以解释为现代企业中经营权和管理权的分离导致了企业管理者和所有者之间的利益冲突，使企业管理者为了追求个人私利，损害企业整体利益，使文化创意企业可能陷入财务困境。

表 5-5　（t-2）年 Logistic 回归结果

变量名称	B	S. E.	Wals	df	Sig.	Exp（B）
净资产收益率	-0.061	0.035	3.109	1	0.078	0.941
资产报酬率	**-0.858**	**0.348**	**6.073**	**1**	**0.014**	**0.424**
销售净利率	0.000	0.001	0.038	1	0.846	1.000
营业利润率	0.001	0.003	0.313	1	0.576	1.001
流动比率	-7.451	4.281	3.028	1	0.082	0.001
资产负债率	-0.037	0.082	0.201	1	0.654	0.964
无形资产比率	**-1.902**	**0.828**	**5.272**	**1**	**0.022**	**6.699**
净利润增长率	-0.003	0.003	1.337	1	0.248	0.997
净资产增长率	-0.040	0.029	1.882	1	0.170	0.961
总资产增长率	-0.247	0.173	2.058	1	0.151	0.781
存货周转率	0.000	0.000	0.004	1	0.949	1.000
应收账款周转率	-0.004	0.003	2.044	1	0.153	0.996
流动资产周转率	0.164	0.153	1.146	1	0.284	1.178
总资产周转率	-0.235	0.282	0.696	1	0.404	0.790
产权性质	0.296	0.515	0.330	1	0.566	1.345
股权集中度	**-0.024**	**0.006**	**18.245**	**1**	**0.000**	**0.976**
女性高管占比	-0.438	0.502	0.762	1	0.383	0.645
高管平均年龄	-0.015	0.025	0.362	1	0.548	0.985
高管平均学历	**-0.354**	**0.161**	**4.827**	**1**	**0.028**	**0.702**
代理成本	-0.008	0.325	0.001	1	0.981	0.992
年报披露时间间隔	**0.015**	**0.004**	**11.512**	**1**	**0.001**	**1.015**
审计意见类型	**-1.962**	**0.202**	**94.808**	**1**	**0.000**	**0.141**
两职兼任	0.095	0.204	0.217	1	0.641	1.100
失业率	-0.089	0.122	0.526	1	0.468	0.915
GDP 增长率	**-4.247**	**1.884**	**5.080**	**1**	**0.024**	**0.014**
市场化指数	-0.089	0.060	2.198	1	0.138	0.915
高教人数比例	-1.938	1.333	2.114	1	0.146	0.144
知识产权保护水平	0.000	0.000	1.984	1	0.159	1.000
互联网普及率	-1.233	0.744	2.746	1	0.098	0.291
常量	3.201	1.521	4.428	1	0.035	24.552

通过表 5-5 可以看出，在（t-2）年数据集中，资产报酬率、无形资产比率、股权集中度、高管平均年龄、审计意见类型和 GDP 增长率六个指标对文化创意企业财务困境具有显著负向影响，而年报披露时间间隔对文化创意企业财务困境的影响则显著为正。通过对比（t-1）年数据集和（t-2）年数据集的 Logistic 回归结果可以发现，资产报酬率、股权集中度和审计意见类型三个指标与文化创意企业是否陷入财务困境的关系保持一致。无形资产比率与文化创意企业财务困境呈现负相关，表明企业无形资产比率越高，企业陷入财务困境的可能性越低，无形资产是文化创意企业的主要资产，对文化创意企业的发展壮大至关重要，其系数为-1.902，显著性水平为10%。高管平均学历与文化创意企业是否陷入财务困境成反比，其系数为-0.354，且在10%的显著水平下显著，表明文化创意企业高管的平均学历越高，企业陷入财务困境的可能性越低，这一发现表明高学历人才是创新和创意的主要来源，关系着企业的生存发展。年报披露时间间隔指标与文化创意企业是否陷入财务困境成正比，即文化创意企业的年报披露时间间隔越长，企业陷入财务困境的可能性越高，其系数为0.015，且在1%的显著水平下显著，这一发现与汪方军等（2008）、雷宇（2014）的研究相一致。GDP 增长率与文化创意企业是否陷入财务困境存在显著负向影响，其系数为-4.247，显著性水平为10%，表明一个地区的经济发展水平越高，文化创意企业越繁荣，企业陷入财务困境的可能性越低。

四、本章小结

本章主要探讨了 Logistic 回归模型在文化创意企业财务困境预警中的应用。基于前文影响文化创意企业财务困境的指标选择，第一，对仅包括财务指标的四个不同年份数据集在 Logistic 回归模型中的性能进行了对比，发现（t-2）年数据集在 Logistic 回归模型中的表现最好，其次是（t-1）年数据集，而（t-4）年数据集的模型效果最差。第二，将影响文化创意企业财务困境的非财务指标加入 Logistic 回归模型中发现，模型在四个数据集上的绩效均好于仅包括财务指标的数据集，表明非财务指标对提升文化创意企业财务困境预警模型绩效的有效性。第三，为了进一步探析文化创意企业财务困境指标显著性，选择 Logistic 回归模型效果最好的（t-1）年和（t-2）年数据集进行回归分析。结果发现，资产报酬率、股权集中度和审计意见类型三个指标在两个数据集中显著影响文化创意企业财务困境，应当重点关注。此外，（t-1）年数据集中的流动比率和地区高教人数比例对企业财务困境具有显著负向影响，代理成本具有显著正向影响，应予以重点关注。在（t-2）年数据集中高管的平均学历、GDP 增长率和无形资产比率对文化创意企业财务困境显著负向影响，年报披露时间间隔具有显著正向影响，是文化创意企业利益相关者应该关注的重要指标。

第六章 基于 ROS-RF 模型的文化创意企业财务困境预警研究

针对文化创意企业样本数据不平衡问题，本章采用随机上采样来平衡样本数据，结合随机森林模型进行企业财务困境预警研究。本章主要进行三个方面的研究：一是分析 ROS-RF 模型的变量设定和模型构建；二是基于ROS-RF 模型预警实证分析文化创意企业财务困境，包括不同年份的模型性能对比、加入非财务指标前后的模型性能对比、不同模型的性能对比；三是对于性能较好的两个年份进行特征重要性分析。

一、基于 ROS-RF 的预警模型构建

（一）随机森林模型变量设定

1. 被解释变量

采取同前一章相同的做法，将文化创意企业财务状况划分为两种类型，

一是出现财务困境的文化创意企业，二是财务正常的文化创意类企业。在构建 ROS-RF 模型时，被解释变量的不同状况或不同取值表明了某一个文化创意企业所释放的信号是财务状况良好还是财务状况较差。同样，为了便于分析，将陷入财务困境的文化创意企业所标识的含义定为"阳性"（Positive），且取值为 1；将财务正常的文化创意企业所标识的含义定为"阴性"（Negative），且取值为 0。

2. 解释变量

本章基于第四章对文化创意企业财务困境影响因素的分析，将前文确定的财务和非财务指标作为本章的解释变量。在进行文化创意企业财务困境预警时将这两种类型变量先后放进模型中，检验非财务指标对提升预警模型性能的有效性。

（二）ROS-RF 模型构建

为了保持研究的一致性，本章基于文化创意企业前一年（t-1）、前两年（t-2）、前三年（t-3）、前四年（t-4）获得的财务和非财务数据进行企业财务困境预警研究，例如采用前四年（t-4）预测数据集进行预警研究，即使用文化创意企业前四年的财务和非财务指标来预测其在当年（t）的财务状况。基于前文收集到的文化创意产业上市公司的样本，表 6-1 总结了四个预测期数据集的分布。

表 6-1　文化创意企业财务困境预警数据集样本分布

年份	样本总量（个）	财务困境样本量（个）	财务正常样本量（个）	比率（%）
t-1	4240	225	4015	5.31∶94.69

续表

年份	样本总量（个）	财务困境样本量（个）	财务正常样本量（个）	比率（%）
t-2	3778	219	3559	5.80：94.20
t-3	3337	213	3124	6.38：93.62
t-4	2906	197	2709	7.27：92.73

通过表 6-1 可以看出，陷入财务困境的文化创意企业的样本里和财务状况正常企业的样本量存在较大差异，即数据分布具有很大的不平衡性。在对不平衡数据进行分类时，分类模型往往较为容易地倾向于多数类（Blagus 和 Lusa，2013），而忽视了少数类样本，但是在现实案例中，人们往往更加关注少数类，即出现财务困境的样本企业，如果将这类文化创意企业错分为财务状况正常类样本，往往会付出较大的成本，这样会给企业、投资者以及其他利益相关者带来损失。为了解决数据不平衡问题，本章先运用随机上采样方法对原始数据集进行平衡处理，再通过随机森林模型进行文化创意企业财务困境预警。

1. 随机上采样（Random Over-sample）

随机上采样是一种解决不平衡问题的方法，通常用于二分类预警问题中。随机上采样的基本思想是通过增加少数类的样本数来平衡不同类别的样本数，在少数类样本中进行有放回的抽样，生成新的样本，并将其添加到原始数据集中，以达到平衡样本数的效果。它的具体步骤如下：

步骤 1：计算出少数类样本和多数类样本数量之间的差距（类别不平衡比率）。

步骤 2：对于少数类的每个样本，随机从中选择若干个样本进行复制，使少数类别的样本数量与多数类别样本数量相当。

步骤 3：将原始数据集和复制后的数据集合并成一个新的数据集，用于后续的模型训练。

通过以上三个步骤，原始数据集中的少数类样本空间增加到了与多数类样本相当的数量，在原始数据集中生成了新的少数类样本空间，使原始数据集的类别不平衡程度得到有效缓解，从而满足研究的需要。值得注意的是，随机上采样还有一些变体，如SMOTE等，它们可以生成合成的样本，进一步增加少数类样本的数量，以达到更好的类别平衡处理效果。

2. 决策树（DT）

决策树（Decision Tree，DT）是一种常见的分类模型，基于树形结构来进行分类和回归分析。在分类问题中，决策树将数据集分成一系列的子集，每个子集对应一个决策树节点。每个节点代表一个特征属性及其可能的取值，每个分支代表这个特征属性的一个取值，而每个叶子节点代表一个分类结果。

决策树中可以包括多个节点，每个节点有不同的含义和作用，主要包括：根节点、决策节点、叶子节点和剪枝节点。①根节点，是决策树模型的起始点，代表最开始的数据集合。根节点没有父节点，通常表示整个数据集合的一个属性或特征。②决策节点，代表决策树的内部节点，也称为分支节点。每个决策节点都包含一个特征属性及其可能的取值，根据这个属性将数据集分成不同的子集，从而构建出一棵决策树。③叶子节点，代表决策树的最底层节点，也称为终端节点。每个叶子节点对应一个分类结果或回归节点，用于对数据进行分类或预测。④剪枝节点，是为了防止决策树过拟合而添加的一种特殊节点，可以对决策树进行剪枝处理，一般是叶子节点的父节点，并将叶子节点从决策树中删除，从而简化决策树模型。

在决策树模型中，分支是指每个决策节点将数据集分割成不同子集的过程。每个决策节点根据选择的特征数据及其可能的取值，将数据集分成多个子集，每个子集对应一个分支，从而构建出一棵树形结构。在决策树中，分支通常用箭头表示，箭头从一个决策节点指向下一个决策节点或叶子节点，表示数据集被分到了不同的子集中。每个分支都对应着一个特征属性的取值，表示数据集在这个特征属性上的取值范围。这些决策树分支也可以表示为"if-then"规则，例如，"如果条件 1 和条件 2 以及条件…和条件 K 发生，则结果 J 发生"。

具体决策树结构如图 6-1 所示。图 6-1 是一个简单的决策树模型，包括一个二进制的目标变量 Y（取值为 0 或 1）和两个连续变量 X1 和 X2，取值范围为 0~1。

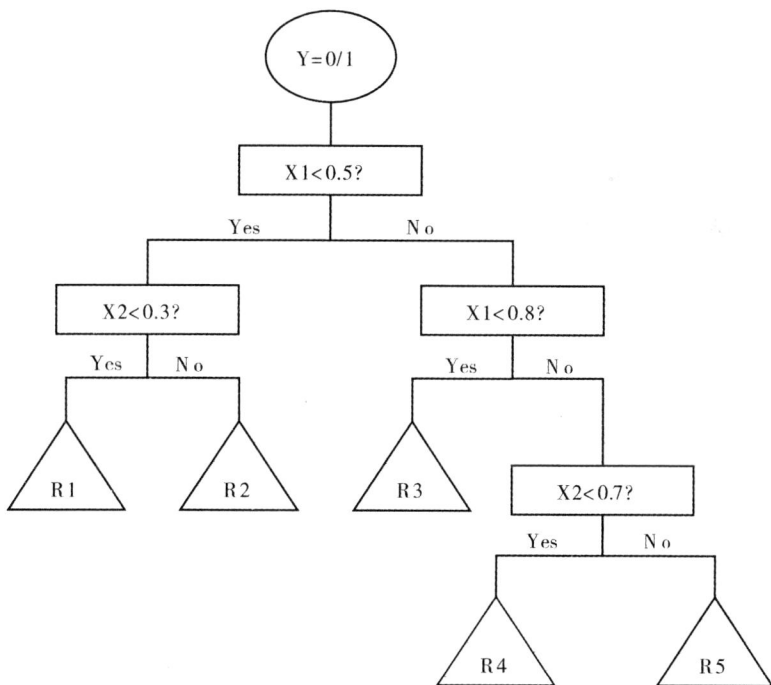

图 6-1 决策树模型

建立决策树模型的关键是在当前的状态下选择哪个属性作为分类依据。一般而言，决策树模型的目标是将数据集划分成尽可能纯的子集，即使每个子集只包括同一类别的样本。为了衡量数据集的纯度，决策树模型通常采用"信息熵"指标。信息熵是度量样本集合纯度最常用的一种指标，其表示随机变量不确定性的度量。在决策树中，信息熵可以用来度量一个数据集合各个类别的混杂程度，从而选择最优的特征属性进行划分。在划分过程中，我们希望决策树的分支节点所包括的样本尽可能属于同一类别，即节点的"纯度"越高越好。

假定当前样本集合 D 中根据目标属性可以分为 k 个不同的类别，第 k 类样本在整个样本集合 D 中所占的比例为 $p_k(k=1, 2, \cdots, |y|)$，则样本集合 D 的信息熵定义为：

$$Ent(D) = -\sum_{k=1}^{|y|} p_k \log_2 p_k \tag{6-1}$$

在式（6-1）中，p_k 表示第 k 种类型的子样本集合 D_k 在整个样本集合 D 中的比例，$Ent(D)$ 的值越小，则 D 的纯度越高。

假定离散属性 a 有 V 个可能的取值 $\{a^1, a^2, a^3, \cdots, a^V\}$，若使用 a 来对整个样本集合 D 进行划分，则会产生 V 个分支结点，其中第 v 个分支结点包括了整个样本集合 D 中所有在属性 a 上的取值为 a^v 的样本，即 D^v。根据式（6-1）可以计算出 D^v 的信息熵，考虑到不同的分支结点所包括的样本数不同，给分支结点赋予权重 $\dfrac{D^v}{D}$，即样本数越多的分支结点的影响越大，于是可以计算出属性 a 对于整体样本集 D 进行划分所获得的"信息增益"：

$$Gain(D, a) = Ent(D) - \sum_{v=1}^{V} \frac{D^v}{D} Ent(D^v) \tag{6-2}$$

一般来说，信息增益越大，则意味着使用属性 a 来进行划分所获得的

"纯度提升"越大。因此，一般可以用信息增益来进行决策树划分属性选择，在大多数情况下，并非所有的潜在输入变量都将用于决策树模型的构建，在某些情况下，特定输入变量可能在决策树的不同层多次使用。

决策树模型具有易于理解、可解释性强、能够处理高维数据等优点，但也存在容易过拟合、对噪声敏感等缺点。针对这些问题，随机森林模型等可以提高模型的泛化能力。

3. 随机森林模型

为了克服决策树模型中的过拟合缺陷，Breiman（2001）提出了一种集成分类模型——随机森林模型。随机森林模型是在决策树的基础上，通过在多个随机样本和随机特征上训练多个决策树，将它们的结果进行集成来提高模型的泛化能力和预测准确率，避免过拟合缺点。其具体的构造步骤如下：

步骤 1：从数据集中使用自助采样法（Bootstrap Sample）抽取样本形成训练集，假定数据集中有 D 个样本，按照一定比例采取有放回连续抽样，从数据集 D 中抽取 D 次，构成一个训练样本集，每个训练集的样本数与原始数据集相同，但是每个样本在训练集中可能出现多次或者不出现。

步骤 2：对于每个训练集，使用随机选择的一部分特征（通常是总特征数的开方或者对数）来训练一棵决策树。

步骤 3：对于每个选定的特征，按照某种度量标准（如信息增益或基尼不纯度）进行划分，生成一棵决策树。

步骤 4：重复前两个步骤 N 次，可以得到 N 训练集和对应的测试集，最终组成了 N 棵决策树组，也就是随机森林模型了。

步骤 5：对于新的样本数据，将其输入到所有 N 棵决策树中，得到每棵树的分类结果，最终的分类结果由所有决策树的分类结果进行投票或求平均值得到。具体的分类公式为：

$$f(x) = d\{h_i(x_i^m)\}\, {}_{i=1}^{m\_tree} \tag{6-3}$$

在式（6-3）中，x_i^m 表示第 i 个测试样本同时具有 m 个属性特征，$h_i(x_i^m)$ 表示第 i 棵决策树的预测结果，d 表示预测最多的分类结果；m_tree 表示决策树的数量。随机森林模型的流程如图 6-2 所示。

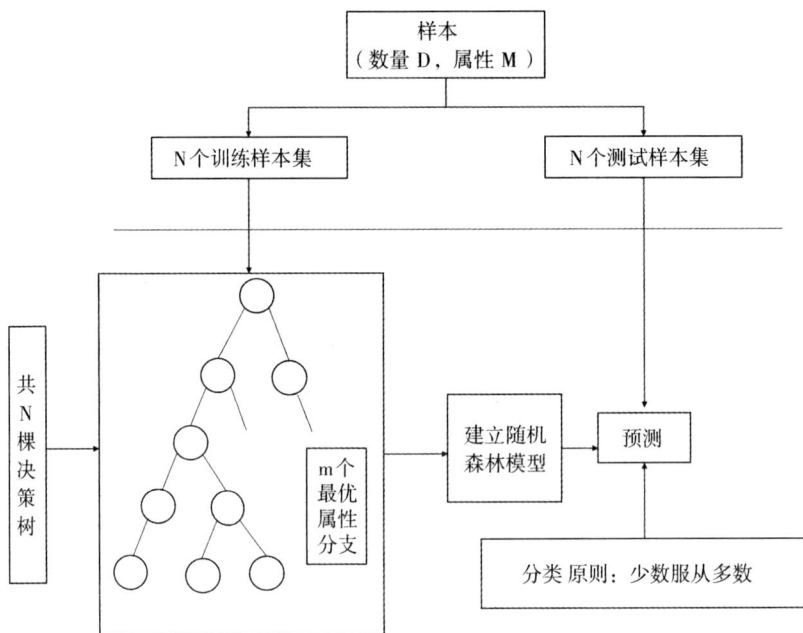

图 6-2　随机森林模型流程

4. 基于随机上采样的随机森林模型（ROS-RF）

数据的平衡性对模型的预测准确度具有很大的影响，而本章中原始数据集存在很大的不平衡性，即陷入财务困境的文化创意企业的样本量较少，而财务正常的企业样本量较多。为了使整个数据集更加平衡，本章采用随机上采样对各期的原始数据集进行平衡性处理，结合随机森林模型进行文化创意企业财务困境预警研究。因此，基于随机上采样的随机森林模型（ROS-RF）可以充分发挥随机上采样的平衡数据和随机森林模型避免过拟合的优势，从而更好地实现文化创意企业财务困境预警研究，具体的模型流程如图 6-3 所示。

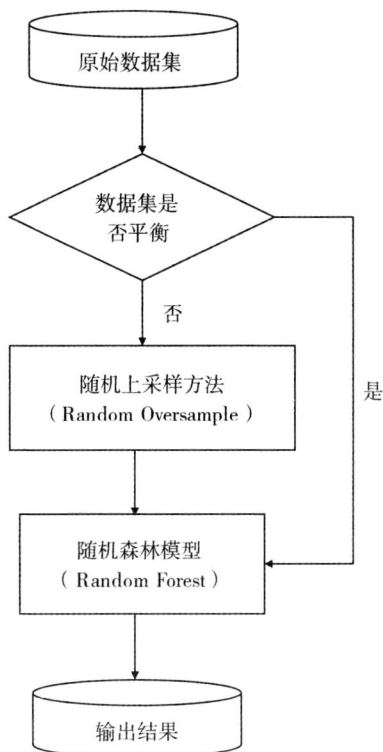

图 6-3　基于随机上采样的随机森林模型流程

（三）ROS-RF 模型的评价指标

为了评估不平衡数据集的模型性能，本章除了采用前一章所使用的评价指标外，还进一步引入了Ⅰ类错误、Ⅱ类错误以及 G-mean 指数，这三个指标对于不平衡数据集模型绩效的衡量使用较为频繁。本章所使用的混淆矩阵同第五章一样，TP 表示准确预测的陷入财务困境样本数，FP 表示错误预测的陷入财务困境样本数，即将财务正常类文化创意企业预测为财务困境类企业的样本数，TN 统计的是正确分类的财务状况正常的文化创意企业样本数，FN 统计的是错误分类的财务状况正常的样本数。

Ⅰ类错误一般指模型将财务状况正常类的文化创意企业错误地判定为陷入财务困境的样本企业。而Ⅱ类错误正好相反，是指预测模型将陷入财务困境的文化创意类样本企业错误地判定为财务状况正常的样本企业。通过Ⅰ类错误和Ⅱ类错误的定义可以发现，Ⅱ类错误往往会给企业管理者、投资者以及其他企业的利益相关者带来更大的损失，所以一般的企业管理者、投资者以及企业的利益相关者更加关注预测模型以减少Ⅱ类错误。Ⅰ类错误和Ⅱ类错误的表达式如下：

$$Type \ \ Ⅰ \ \ error = \frac{FP}{FP + TN} \tag{6-4}$$

$$Type \ \ Ⅱ \ \ error = \frac{FN}{TP + FN} \tag{6-5}$$

在计算 G-mean 指标之前，先来分析一下 G-mean 指标的两个主要构成要素：特效度和灵敏度指标。

特效度（Specificity）表示在整个数据集样本中，所有财务状况正常的文化创意企业被识别出来的比重，主要用来衡量分类模型对于财务状况正常类样本企业的识别能力，其表达式为：

$$Specificity = \frac{TN}{TN + FP} \tag{6-6}$$

灵敏度（Sensitive）表示在整个样本数据集中，所有陷入财务困境的文化创意企业样本被模型识别出来的比例，该指标度量了预警模型对于陷入财务困境企业样本的识别能力，其表达式为：

$$Sensitive = \frac{TP}{TP + FN} \qquad (6-7)$$

通过观察式（6-7）可以发现，灵敏度指标也就是真阳性率（TPR），同时也是召回率指标。

$G - mean$ 指标是一个综合特效度和灵敏度的一个综合性指标，对于衡量模型在处理不平衡数据集时的绩效具有很高的参考价值，因此，本章选取 $G - mean$ 指标来衡量模型的绩效，其计算公式如下：

$$G - mean = \sqrt{Specificity \times Sensitive} \qquad (6-8)$$

二、基于 ROS-RF 模型预警实证分析

为了验证 ROS-RF 模型对于严重不平衡的文化创意企业样本数据集的有效性，将 ROS-RF 模型与传统的预警模型进行对比，对不同年份的 ROS-RF 模型性能，以及加入非财务指标前后模型性能进行了比较。

（一）基于财务数据实证结果分析

为了分析 ROS-RF 模型在仅包括财务指标的各期数据集上的性能，本章选取了不同年份各个模型的对比性能如表6-2所示。

表 6-2 仅包括财务指标各模型性能对比

年份	模型	准确率	召回率	F1 得分	Ⅰ类错误	Ⅱ类错误	G-mean
t-1	LR	0.9467	0.0622	0.1102	0.0037	0.9378	0.2490
	ANN	0.9448	0.0933	0.1522	0.0075	0.9067	0.3044
	DT	0.9469	0	0	**0**	1	0
	RF	**0.9514**	0.2089	0.3133	0.0070	0.7911	0.4554
	ROS-RF	0.9255	**0.7022**	**0.5**	0.0620	**0.2978**	**0.8116**
t-2	LR	0.9415	0.0731	0.1265	**0.0051**	0.9269	0.2696
	ANN	0.9399	0.1187	0.1864	0.0096	0.8813	0.3429
	DT	0.9428	0.3653	0.4255	0.0216	0.6347	0.5978
	RF	**0.9473**	0.3333	0.4232	0.0149	0.6667	0.5730
	ROS-RF	0.9190	**0.7900**	**0.5307**	0.0620	**0.2100**	**0.8557**
t-3	LR	0.9320	0.0235	0.0422	0.0061	0.9765	0.1527
	ANN	0.9314	0.0798	0.1293	0.0106	0.9202	0.2810
	DT	**0.9362**	0	0	**0**	1	0
	RF	**0.9362**	0	0	**0**	1	0
	ROS-RF	0.8744	**0.6526**	**0.3988**	0.1104	**0.3474**	**0.7619**
t-4	LR	0.9301	0.0203	0.0379	0.0037	0.9797	0.1422
	ANN	0.9264	0.0406	0.0696	0.0092	0.9594	0.2006
	DT	**0.9322**	0	0	0.0022	0.9898	0
	RF	**0.9322**	0	0	**0**	1	0
	ROS-RF	0.8837	**0.5025**	**0.3694**	0.0886	**0.4974**	**0.6768**

从表6-2可以看出，在仅包括财务指标的数据集中，RF模型的准确率在（t-1）年和（t-2）年数据集中取得了最好的效果，在（t-3）年和（t-4）年数据集中和决策树模型（DT）获得了同等最好效果，表明选择RF模型识别文化创意企业财务困境的整体正确率较高。而ROS-RF模型尽管准确率、Ⅱ类错误等指标低于其他模型，但是模型的召回率、F1得分、Ⅰ类错误和G-mean指标要明显好于其他模型，且在（t-1）年数据集上召回率比RF模

型提升约 0.4933，在（t-2）年数据集的 ROS-RF 模型比 DT 模型提升 0.4247，在（t-3）年数据集的 ROS-RF 模型比 ANN 模型提升 0.5728，在（t-4）年数据集的 ROS-RF 模型比 ANN 模型分别提升 0.4619。

在 F1 得分指标中，（t-1）年数据集的 ROS-RF 模型比 RF 模型提升 0.1867；（t-2）年数据集的 ROS-RF 模型比 DT 模型提升 0.1052；（t-3）年数据集的 ROS-RF 模型比 ANN 模型提升 0.2695；（t-4）年数据集的 ROS-RF 模型比 ANN 模型提升 0.2998。

而在 Ⅱ 类错误指标中，（t-1）年数据集的 ROS-RF 模型比 RF 模型下降 0.4933；（t-2）年数据集的 ROS-RF 模型比 DT 模型下降 0.4247；（t-3）年数据集的 ROS-RF 模型比 ANN 模型下降 0.5728；（t-4）年数据集的 ROS-RF 模型比 ANN 模型下降了 0.462。

在 G-mean 指标中，（t-1）年数据集的 ROS-RF 模型比 RF 模型提升 0.3562；（t-2）年数据集的 ROS-RF 模型比 DT 模型提升了 0.2579；（t-3）年数据集的 ROS-RF 模型比和 ANN 模型提升了 0.4809；（t-4）年数据集的 ROS-RF 模型比和 ANN 模型提升了 0.4762。

通过以上对比，说明 ROS-RF 模型在处理不平衡数据上的有效性。此外，通过对比各个数据集的模型指标绩效大小可以发现，（t-2）年数据集的精确率、召回率、F1 得分、Ⅰ 类错误、Ⅱ 错误以及 G-mean 值的最优值在所有的数据集中也是最好的，表明（t-2）年数据集对于文化创意企业财务困境的预警效果最好。因此，在进行文化创意企业财务困境预警时，选择企业财务状况前两年的财务指标效果最好，（t-1）年数据集次之。而（t-3）年数据集和（t-4）年数据集相较于（t-1）年和（t-2）年数据集的模型效果要差，而且（t-4）年数据集的最优性能低于（t-3）年数据集，表明随着时间窗口向前推进，ROS-RF 的预测效果更差。

近来一些研究指出，AUC 指标对于比较分类模型的性能具有更加稳健的作用。而使用准确性来比较分类模型的性能反而出现误导的情况。因此，本章接下来将使用接受者操作特征（ROC）曲线和 ROC 曲线下的面积进一步来评估模型的性能，如表 6-3 和图 6-4 至图 6-7 所示。

表 6-3　按不同分类模型和数据集计算的 ROC 曲线面积

年份	LR	ANN	DT	RF	ROS-RF
t-1	0.7726	0.7286	0.8863	0.9280	**0.9359**
t-2	0.8256	0.7773	0.9107	0.9315	**0.9374**
t-3	0.7796	0.7185	0.8307	0.8573	**0.8636**
t-4	0.7627	0.7055	0.7834	0.8289	**0.8468**

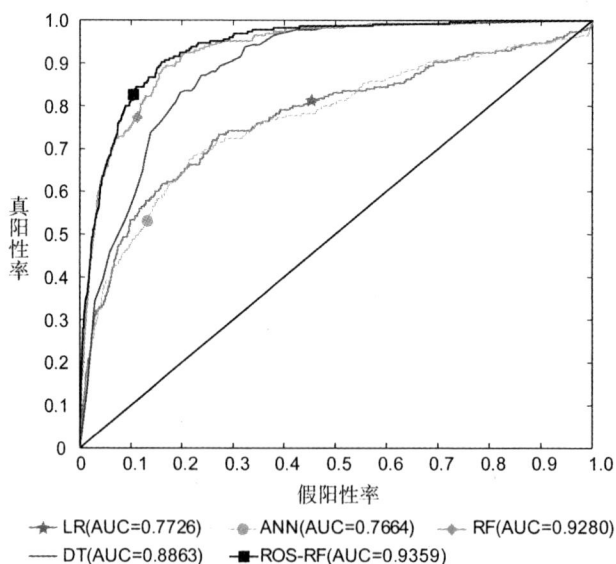

图 6-4　（t-1）年不同分类模型的 ROC 曲线及其下面积

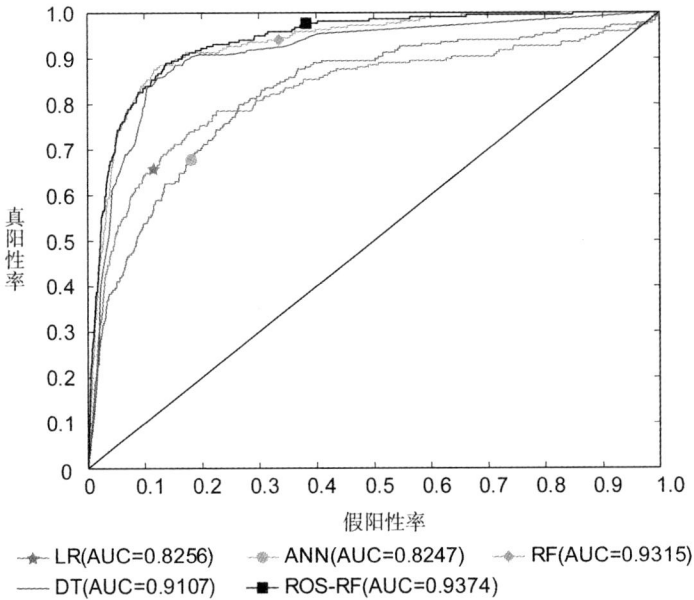

- ★ LR(AUC=0.8256)　　● ANN(AUC=0.8247)　　◆ RF(AUC=0.9315)
- —— DT(AUC=0.9107)　　■ ROS-RF(AUC=0.9374)

图 6-5　（t-2）年不同分类模型的 ROC 曲线及其下面积

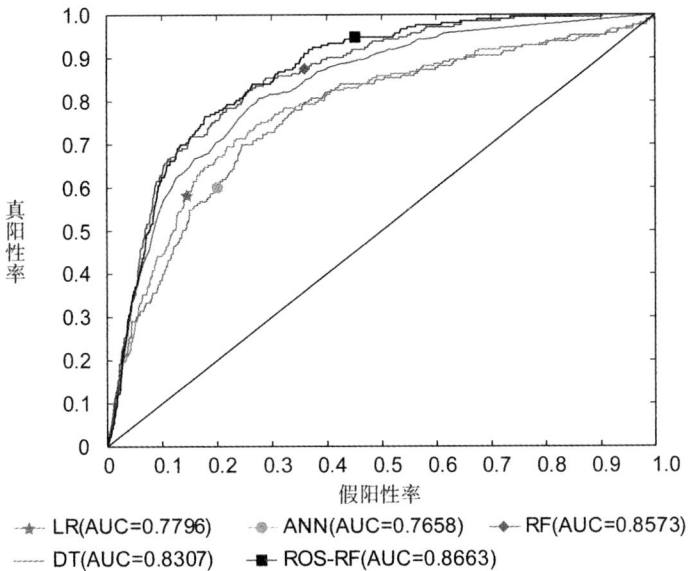

- ★ LR(AUC=0.7796)　　● ANN(AUC=0.7658)　　◆ RF(AUC=0.8573)
- —— DT(AUC=0.8307)　　■ ROS-RF(AUC=0.8663)

图 6-6　（t-3）年不同分类模型的 ROC 曲线及其下面积

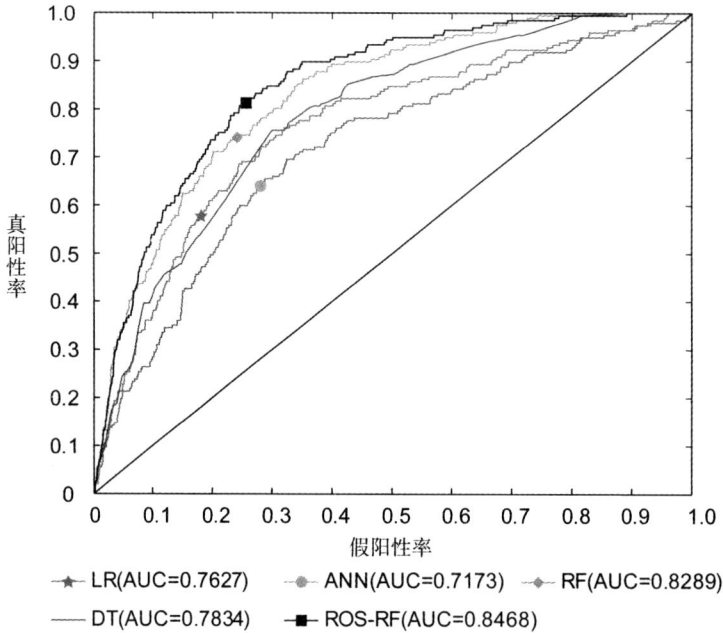

图 6-7　（t-4）年不同分类模型的 ROC 曲线及其下面积

　　表 6-3、图 6-4 至图 6-7 显示了所有分类模型在（t-1）年、（t-2）年、（t-3）年和（t-4）年数据集上的 ROC 曲线及其以下面积。通过表 6-3 可以发现以粗体标识的是模型在各个数据集上取得的最佳效果，可以发现 ROS-RF 模型的 AUC 值优于其他模型。在表 6-3 中，ROS-RF 模型的 AUC 值最小的是（t-4）年数据集中的 0.8468，反映了 ROS-RF 模型具有良好的分类性能，能够很好地识别出样本数据集中陷入财务困境的文化创意企业样本。此外，ROS-RF 模型的 AUC 值超过所有其他分类模型的 AUC 值，包括 LR 模型、ANN 模型、DT 模型以及 RF 模型，特别地，在（t-2）年数据集中，ROS-RF 模型取得了最好的 AUC 值，为 0.9374；在（t-1）年数据集的 ROS-RF 模型获得了 0.9359，在（t-1）年数据集中 RF 模型为 0.9280。相比较

而言，在（t-3）年和（t-4）年数据集中，尽管 ROS-RF 模型在所有模型中都取得了最好的 AUC 值，但是 ROS-RF 模型在（t-3）年数据集上的 0.8636和在（t-4）年数据集上的 0.8468 均小于（t-1）年和（t-2）年数据集，且模型的预测周期越长，模型的效果越差。模型在（t-2）年数据集上取得了最好的预测效果，在（t-1）年数据集上的预测效果次之，表明企业管理者、投资者以及企业其他利益相关者应该更加关注（t-1）年和（t-2）年数据集中的财务指标。同时，通过以上分析，我们也发现更加合适的文化创意企业财务困境预警的窗口期是企业陷入财务困境的前两年，即（t-2）年和（t-1）年。如果不能及时预测文化创意企业可能陷入的财务困境，可能会给企业管理者、投资者以及企业其他利益相关者带来较大损失。因此更早、更精确、更及时地发现那些可能陷入财务困境的文化创意企业，可以减少相关损失，也可以为文化创意企业的健康发展提供参考。

为了更加直观地对比各个模型的绩效，本章对于五种分类模型的结果分别绘制了 I 类错误和 II 类错误的柱状图，如图 6-8 至图 6-11 所示。

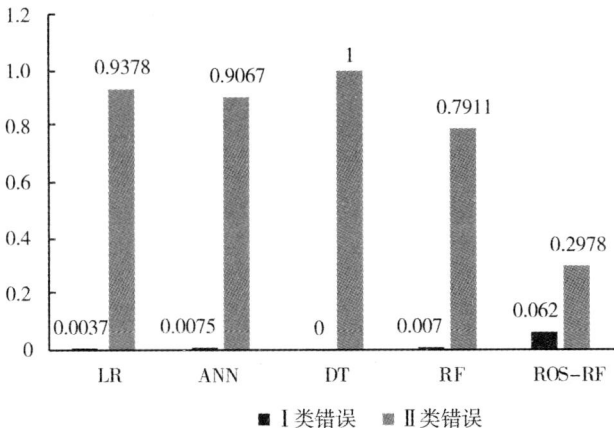

图 6-8　模型在（t-1）年的 I 类错误率和 II 错误率对比

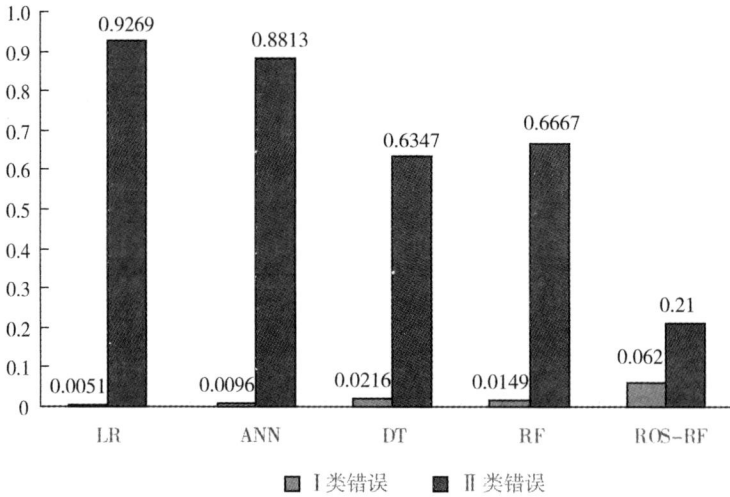

图 6-9　模型在（t-2）年的Ⅰ类错误率和Ⅱ类错误率对比

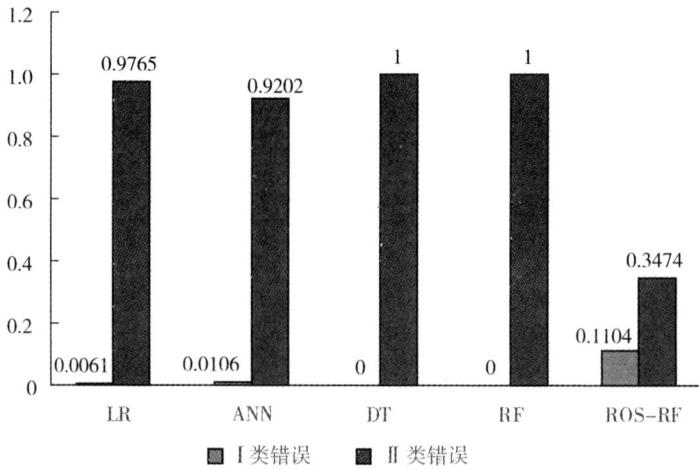

图 6-10　模型在（t-3）年的Ⅰ类错误率和Ⅱ错误率对比

从Ⅰ类错误率来看，ROS-RF 模型在所有时间窗口中都是最差的，在

（t-1）年数据集中 DT 模型的Ⅰ类错误率为 0，表明该模型对于财务状况正常

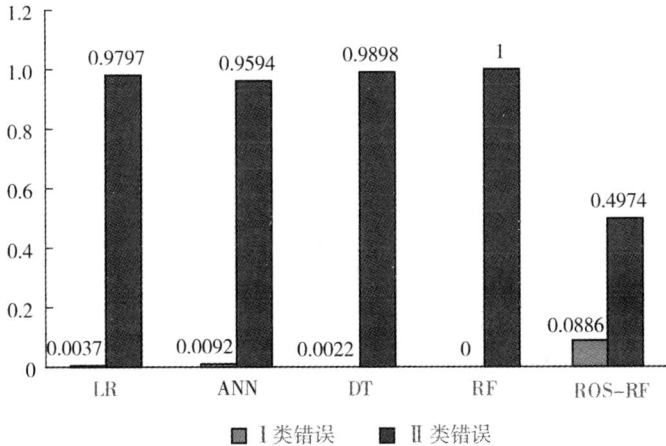

图 6-11　模型在（t-4）年的 I 类错误率和 II 类错误率对比

的文化创意企业的识别率高达 100%，LR 模型次之；在（t-2）年数据集中 LR 模型的 I 类错误最低，LDA 模型次之；在（t-3）年数据集中，DT 模型和 RF 模型对于财务状况正常的文化创意企业的识别率都是 100%，LR 模型次之；在（t-4）年数据集中，RF 模型对于财务状况正常的文化创意类企业的正确识别率为 100%，DT 模型次之。

从 II 类错误率来看，ROS-RF 模型在所有的时间窗口中的表现都是最好的，表明该模型对于陷入财务困境的文化创意样本企业的正确识别率较高，在（t-1）年数据集中 DT 模型对于陷入财务困境的文化创意企业样本的识别率最差，其次是 LR 模型；在（t-2）年数据集中，LR 模型对于陷入财务困境的样本企业识别率最差，这一发现与 Galar 等（2013）的研究一致，即不平衡数据集对传统分类模型的性能产生了不利影响，取得了令人失望的效果；在（t-3）年数据集中，DT 模型和 RF 模型对于财务困境类样本企业的识别率最差，表明这两个模型对于不平衡数据集中的少数类样本识别无效；在（t-4）年数据集中，RF 模型对于财务困境类样本企业的识别率最差。

在管理实践中，仅考虑模型Ⅰ类错误对于文化创意企业利益相关者是远远不够的，特别是在数据呈现出不平衡状态的情况下。因为对于利益相关者来说，将陷入财务困境的文化创意类企业判定为财务正常类企业（Ⅱ类错误）所造成的损失远远大于将财务状况正常类的文化创意类企业判定为财务困境类企业（Ⅰ类错误）。具体而言，对于财务状况正常的文化创意企业的误判最多导致投资者以及其他利益相关者损失一部分收益，造成企业管理者多增加一些风险管理工作等。而对于陷入财务困境的文化创意企业的误判就会导致银行等投资者失去一大笔本金，形成坏账，造成企业的管理者未能有效采取措施预防企业可能陷入的财务困境，给企业带来严重打击，甚至直接导致企业破产。所以，在样本数据出现严重不平衡、无法同时降低Ⅰ类错误率和Ⅱ类错误的情况下，应优先考虑降低模型的Ⅱ类错误率。这也从侧面证明了本章采用ROS-RF模型进行文化创意企业财务困境预警的正确性，因为ROS-RF模型在降低Ⅱ类错误率上效果显著。

基于上述分析，主要有以下三个结论：

第一，除了在准确率和Ⅰ类错误方面，ROS-RF模型的绩效略差，在其他四项指标（召回率、F1得分、Ⅱ类错误、AUC值）上，ROS-RF模型的性能表现均优于其他四个模型（传统模型：LR模型，人工智能模型：ANN模型、DT模型和RF模型），表明ROS-RF模型具有良好的综合性能。

第二，通过对比四个不同时期窗口的数据集可以发现，（t-2）年数据集的模型性能在四个数据集中表现最好，其次是（t-1）年数据集，而随着时间向前推进，模型的预测性能越差。因此，在文化创意企业财务困境预警过程中，优先参考（t-2）年和（t-1）年的指标体系，企业的利益相关者要更加关注这两个时间窗口期的财务指标的变动，以便及时采取措施，避免企业陷入财务困境给自身带来损失。

第三，通过Ⅰ类错误、Ⅱ类错误以及 G-mean 指标可以发现，对不平衡数据进行处理的必要性，ROS-RF 模型在Ⅱ类错误和 G-mean 在得分上都是最优的。

（二）"非财务指标引入后"实证结果分析与比较

在前文进行文化创意企业财务困境预警研究的财务指标基础上，引入非财务指标进行补充，将包括财务指标和非财务指标的"全指标"作为分类模型的输入变量，通过预测的结果来比较各个分类模型的性能差异。本章将引入非财务指标后的五个分类模型对独立测试集上的预测结果进行整理，如表 6-4 所示。

表 6-4　各模型"引入非财务指标"后性能表

年份	模型	准确率	召回率	F1 得分	Ⅰ类错误	Ⅱ类错误	G-mean
t-1	LR	0.9472	0.1644	0.2483	0.0090	0.8356	0.4037
	ANN	0.9328	0.4222	0.4	0.0386	0.5778	0.6371
	DT	0.9458	0.2	0.2813	**0.0125**	0.8	0.4444
	RF	**0.9502**	0.1333	0.2214	0.0040	0.8667	0.3644
	ROS-RF	0.9271	**0.7022**	**0.5056**	0.0603	**0.2978**	**0.8123**
t-2	LR	0.9404	0.2009	0.2816	**0.0140**	0.7791	0.4451
	ANN	0.9285	0.4292	0.4105	0.0407	0.5708	0.6417
	DT	0.9418	0.2374	0.3210	0.0149	0.7626	0.4836
	RF	**0.9481**	0.3151	0.4132	0.0129	0.6849	0.5577
	ROS-RF	0.9230	**0.7854**	**0.5417**	0.0686	**0.2146**	**0.8553**

年份	模型	准确率	召回率	F1 得分	Ⅰ类错误	Ⅱ类错误	G-mean
t-3	LR	0.9305	0.0986	0.1533	0.0128	0.9014	0.3120
	ANN	0.9206	0.3380	0.3521	0.0397	0.6620	0.5697
	DT	0.9260	0.1080	0.3521	0.0195	0.8920	0.3254
	RF	**0.9362**	0	0	**0**	1	0
	ROS-RF	0.8957	**0.6244**	**0.4332**	0.0858	**0.3756**	**0.7555**
t-4	LR	0.9264	0.0609	0.1008	0.0107	0.9391	0.2455
	ANN	0.9119	0.2538	0.2809	0.0402	0.7462	0.4936
	DT	0.9236	0.0355	0.0593	0.0155	0.9492	0.1870
	RF	**0.9322**	0	0	**0**	1	0
	ROS-RF	0.8809	**0.5584**	**0.3887**	0.0956	**0.4416**	**0.7106**

通过表6-4可以看出，在引入非财务指标后，各个数据集在各个评价指标上取得最佳性能的分类模型基本保持不变，ROS-RF模型在各个数据集上的召回率、F1指标、Ⅱ类错误以及G-mean指标都取得了最优的性能，表明了ROS-RF模型性能的稳健性。而与未加入非财务指标的各指标性能相比，就模型的最优性能而言，在（t-1）年数据集中，在加入非财务指标之后，Ⅱ类错误降低了，G-mean指标提升了，而召回率保持不变；在（t-2）年数据集中，加入非财务指标后，准确率、召回率、F1指标取得了改善，其他指标略有降低；在（t-3）年数据集中，加入非财务指标之后，F1得分、G-mean指标得到了提升，准确率保持不变，其他指标略有下降；在（t-4）年数据集中，在引入非财务指标之后，召回率、F1得分、Ⅰ类错误都得到了改善，其他指标大致相当。

为了更加直观地对引入非财务指标后的五个模型性能评价结果进行综合

对比，绘制了柱状图如图 6-12 至图 6-15 所示。

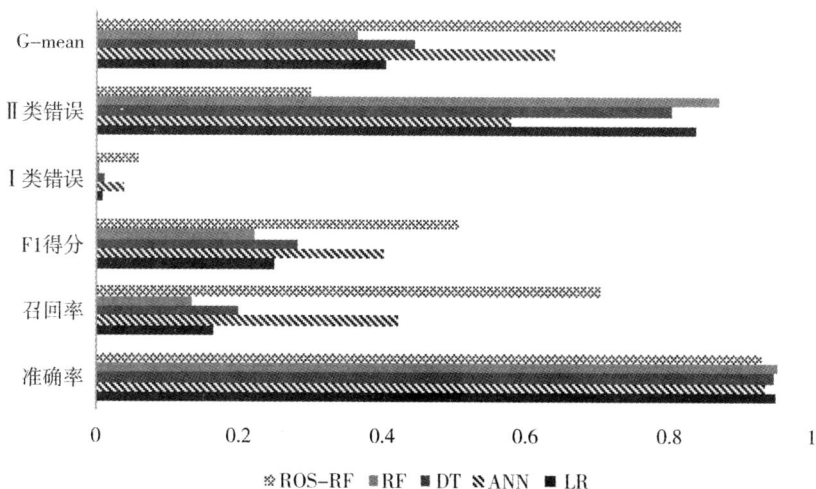

图 6-12　（t-1）年引入非财务指标后模型在不同评价指标上的对比

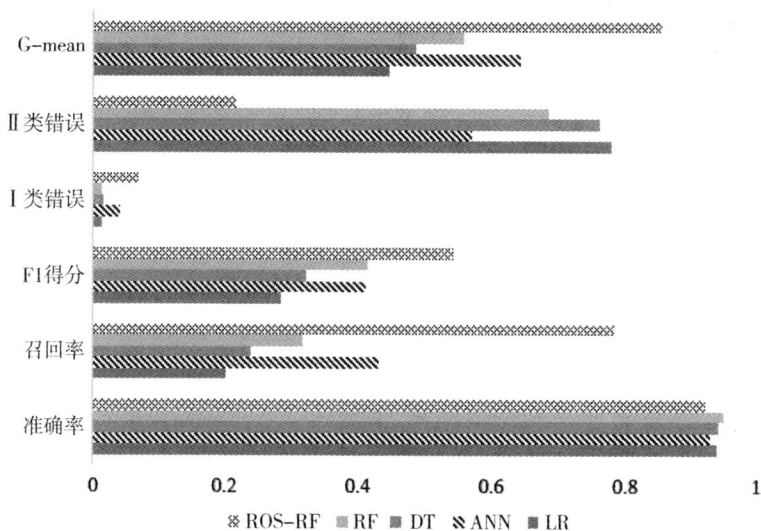

图 6-13　（t-2）年引入非财务指标后模型在不同评价指标上的对比

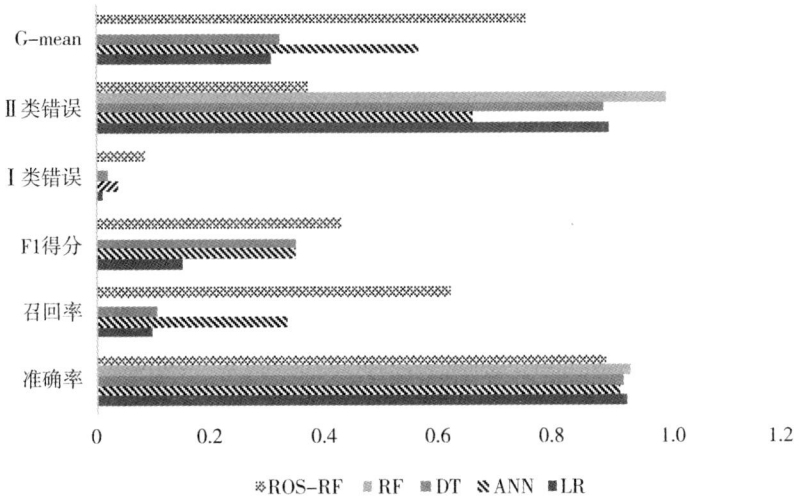

图 6-14 （t-3）年引入非财务指标后模型在不同评价指标上的对比

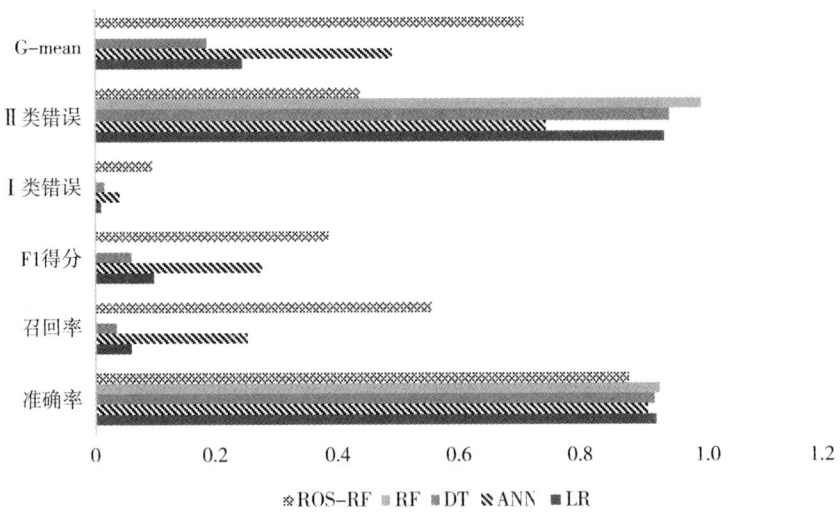

图 6-15 （t-4）年引入非财务指标后模型在不同评价指标上的对比

由图 6-12 至图 6-15 可以看出，ROS-RF 模型除了在 I 类错误和准确率上与其他分类模型相比具有较为相近的预测性能，在 G-mean 指标、Ⅱ类错误、F1 得分以及召回率指标上，ROS-RF 模型均具有绝对的优势，这也证明了 ROS-RF 模型的稳健性。

为了更好地对比在引入了非财务指标后各个分类模型在 ROC 曲线值上的预测结果，本章比较了在引入非财务指标后各模型在各个数据集上的预测性能，如表 6-5 所示。

表 6-5　模型在引入非财务指标后各数据集 ROC 曲线下面积对比

年份	是否引入非财务指标	LR	ANN	DT	RF	ROS-RF
t-1	否	0.7726	0.7286	0.8863	0.9280	0.9359
	是	**0.8255**	**0.8404**	**0.8404**	**0.8941**	0.9337
t-2	否	0.8256	0.7773	0.9107	0.9315	0.9374
	是	**0.8395**	**0.8591**	**0.8591**	**0.8693**	**0.9410**
t-3	否	0.7796	0.7185	0.8307	0.8573	0.8636
	是	**0.7979**	**0.8071**	0.8004	**0.8822**	**0.8834**
t-4	否	0.7627	0.7055	0.7834	0.8289	0.8468
	是	**0.8034**	**0.7939**	0.7535	**0.8542**	**0.8671**

通过表 6-5 可以发现，在引入非财务指标后，各个模型的 AUC 值大部分都取得了提升，在一定程度上再次证明引入非财务指标对提高模型的预测性能具有有效性。从另外一个侧面也表明非财务指标在缓解企业信息不对称方面具有一定的作用。

此外，绘制了不同分类模型的 ROC 曲线，以便更加直观描述模型的性能，如图 6-16 至图 6-19 所示。Janitze 等（2013）指出，在对不平衡数据进行分类预测时，ROC 曲线下面积可以作为分类模型评估指标之一。ROC 曲线以下面积范围在 0~1，ROC 曲线越靠近坐标轴左上方，ROC 曲线下的面积越大，相应的 AUC 值越大，表明模型的预测性能越好。从图 6-16 至图 6-19 可以看出，ROS-RF 模型在各个数据集上基本都取得了较好的分类性能。

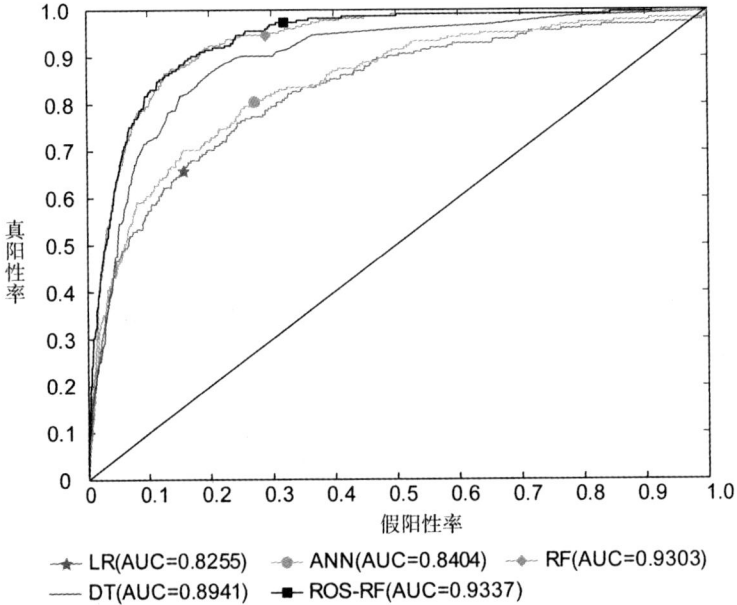

图 6-16　引入非财务指标后模型在（t-1）年 ROC 曲线对比

综合以上分析，基于 ROS-RF 模型的文化创意企业财务困境预警研究主要可以得出以下结论：

第一，无论是否引入非财务指标，ROS-RF 模型在召回率、F1 得分、Ⅱ类错误、G-mean 和 AUC 值等方面在各个数据集均优于其他模型，证明了为应对不平衡数据采取的 ROS-RF 模型的有效性。

第二，在引入非财务指标之后，各个分类模型在各个数据集上的性能大部分都得到了相应程度的提高，再次证明了非财务指标在提高文化创意企业财务困境预警模型的性能上具有重要的价值。

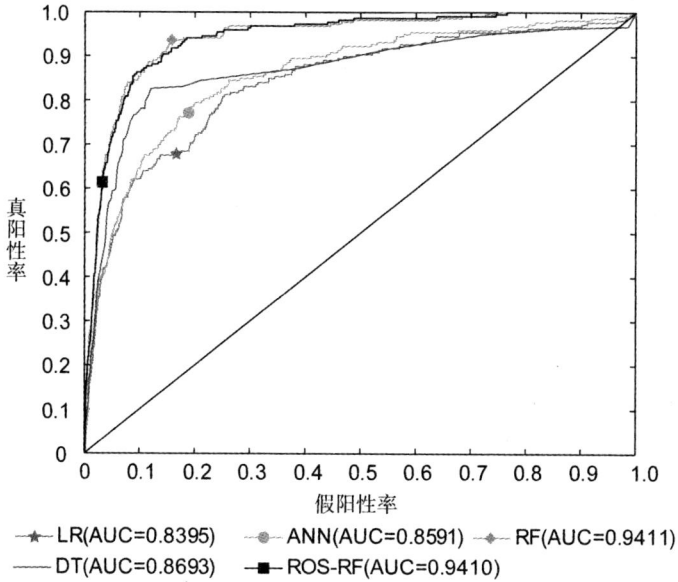

图 6-17　引入非财务指标后模型在（t-2）年 ROC 曲线对比

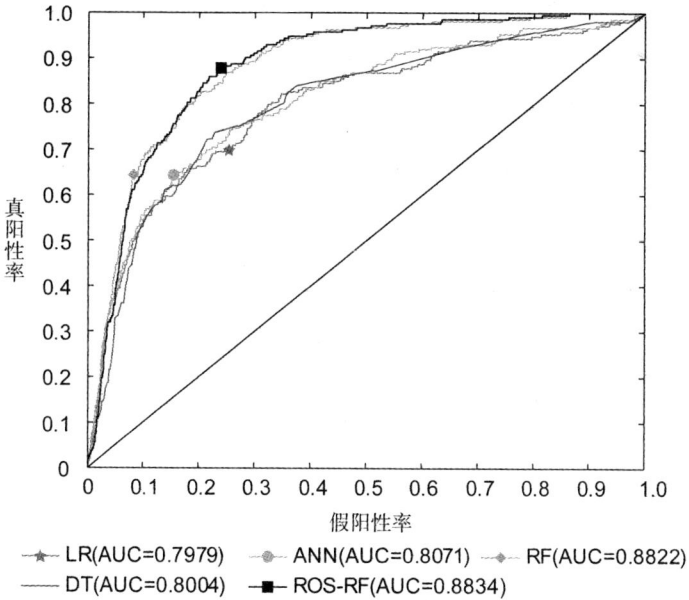

图 6-18　引入非财务指标后模型在（t-3）年 ROC 曲线对比

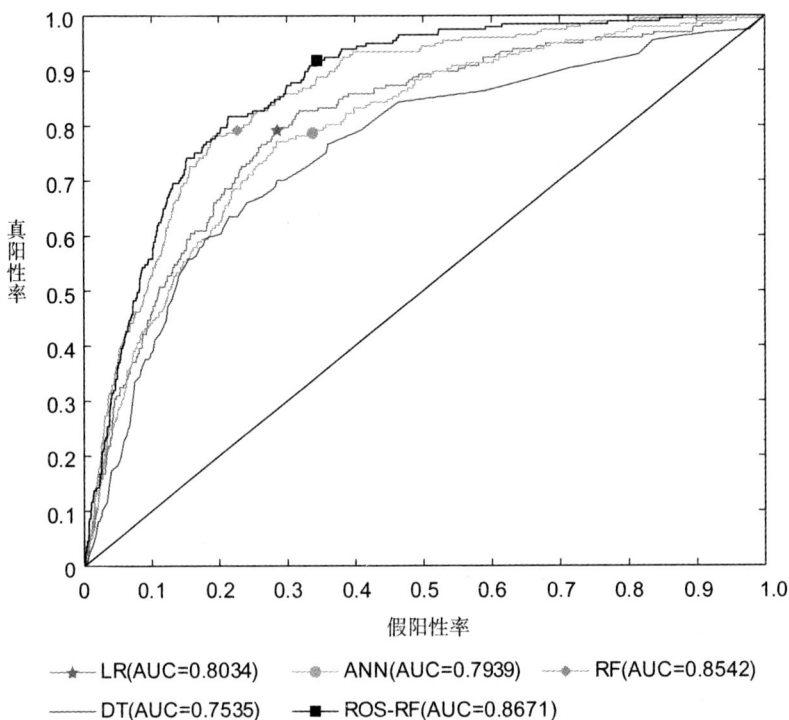

图6-19　引入非财务指标后模型在（t-4）年 ROC 曲线对比

第三，通过对 ROS-RF 模型在各个数据集上的性能比较来看，ROS-RF 模型与 LR 模型一样，在（t-2）年数据集上取得的性能最佳，其次是（t-1）年数据集，而在（t-4）年数据集上取得的性能最差，表明随着时间向前推移越久，模型的预测效果越差。因此，在进行文化创意企业财务困境预警研究时应重点关注企业财务状况前两期的指标，以便取得最好的预测效果。

三、基于 ROS-RF 模型的特征重要性分析

基于前文的分析，（t-2）年和（t-1）年数据集的 ROS-RF 模型预测性能较好，因此本章选择（t-2）年和（t-1）年数据集进行 ROS-RF 模型特征重要性筛选，以期选择出对于文化创意企业是否陷入财务困境影响较为重要的指标，帮助企业的管理者和其他利益相关者更好地了解企业的财务现状，降低信息不对称性，避免相关损失的发生。

根据相关研究，测评预警模型的特征重要性主要存在两种方法：一是基于模型的准确率进行特征重要性选择；二是采用 Gini 下降量法，这种方法常用于随机森林模型中，它通过计算每个特征在所有决策树中被选中次数以及它们被选中后的准确性，得到每个特征的 Gini 下降量，进而衡量特征的重要性。虽然这两种方法的原理不同，但是最终的结论大体相似，本章借鉴方匡南等（2010）的方法，采用 Gini 下降量法测度变量的重要性程度，具体特征重要性的选择结果如图 6-20 和图 6-21 所示。

基于 ROS-RF 分类模型的预测结果，可以看出在（t-1）年数据集中文化创意企业财务困境预警指标的相对重要性。由图 6-20 可以看出，在（t-1）年数据集中，排名相对重要的前十个指标依次是资产负债率（权重系数为 16.56%）、营业利润率（权重系数为 11.39%）、净资产收益率（权重系数为 9.88%）、总资产增长率（权重系数为 9.4%）、审计意见类型（权重系数为 5.63%）、净资产增长率（权重系数为 2.96%）、流动比率（权重系数为

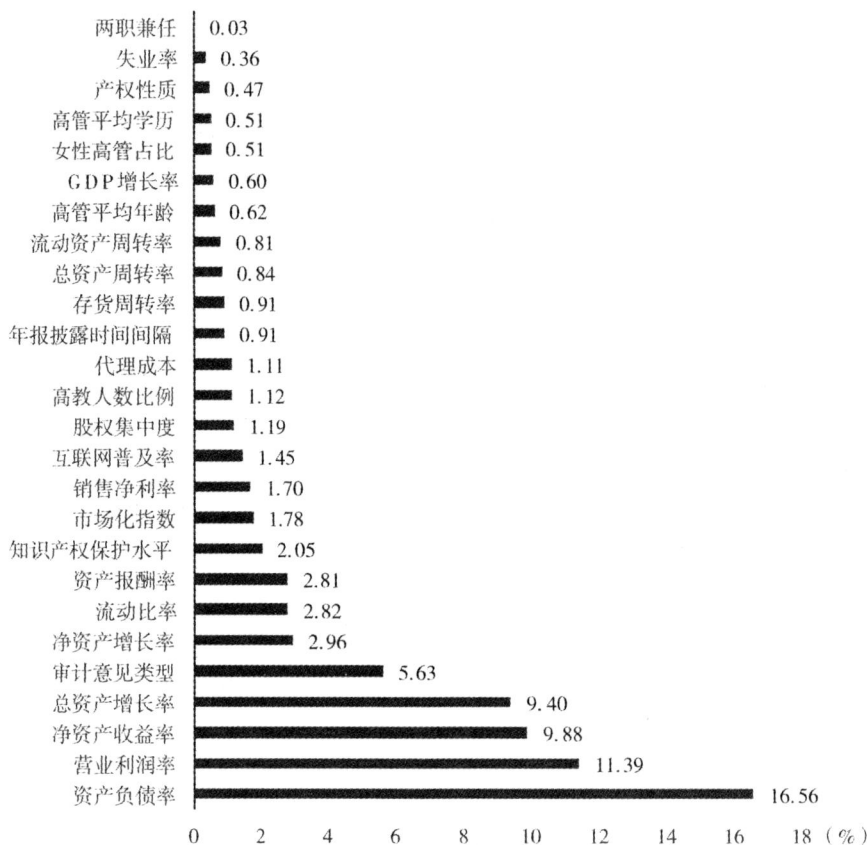

图 6-20 ROS-RF 模型在 (t-1) 年数据集上的特征重要性排名

2.82%）、资产报酬率（权重系数为 2.81%）、知识产权保护水平（权重系数为 2.05%）、市场化指数（权重系数为 1.78%）。

由图 6-21 可以看出，在（t-2）年数据集中，排名相对重要的前十个指标依次是净资产收益率（权重系数为 22.55%）、营业利润率（权重系数为 17.07%）、销售净利率（权重系数为 11.80%）、资产报酬率（权重系数为 7.25%）、资产负债率（权重系数为 5.83%）、净资产增长率（权重系数为 5.02%）、净利润增长率（权重系数为 4.93%）、审计意见类型（权重系数为

両职兼任　0.02
产权性质　0.19
存货周转率　0.34
失业率　0.36
高管平均年龄　0.37
女性高管占比　0.37
股权集中度　0.42
无形资产比率　0.53
年报披露时间间隔　0.57
总资产周转率　0.58
应收账款周转率　0.66
流动资产周转率　0.66
互联网普及率　0.69
增长率　0.73
代理成本　0.95
高管平均学历　1.03
市场化指数　1.06
高教人数比例　1.52
流动比率　1.62
知识产权保护水平　1.86
总资产增长率　2.93
审计意见类型　3.17
净利润增长率　4.93
净资产增长率　5.02
资产负债率　5.83
资产报酬率　7.25
销售净利率　11.80
营业利润率　17.07
净资产收益率　22.55

0　　　5　　　10　　　15　　　20　　　25　（%）

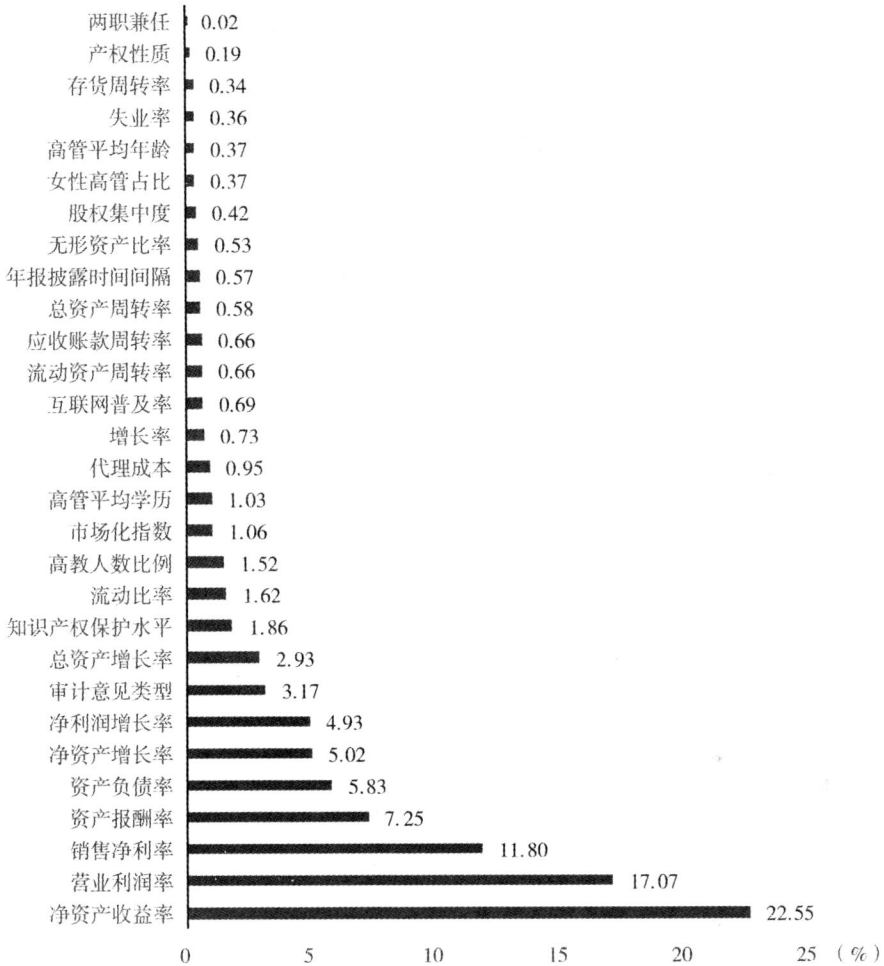

图 6-21　ROS-RF 模型在（t-2）年数据集上的特征重要性排名

3.17%）、总资产增长率（权重系数为 2.93%）、知识产权保护水平（权重系数为 1.86%）。

从前十大指标可以看出：在（t-1）年数据集中有七个是财务指标，三个是非财务指标，（t-2）年数据集中有八个是财务指标，仅有两个是非财务指标，表明在 ROS-RF 预测模型中，财务指标仍然发挥了主要作用。从两个数据集中的重复指标来看，二者的前十大重要特征重复率高达 80%。创意企业利益相关者除了要关注这些重复的指标文化，在（t-1）年应重点关注文化创意企业的偿债能力指标中的流动比率，流动比率是流动资产对流动负债的比率，衡量的是文化创意企业使用流动资产在短期债务到期前偿还短期债务的能力。如果文化创意企业出现流动性问题，这时候就要引起企业的利益相关者的高度关注，以免企业陷入财务困境，给相关各方带来损失。各地也应该优化营商环境，为文化创意企业的健康发展营造良好的外部环境。在（t-2）年，文化创意企业利益相关者应重点关注企业的销售净利率和净利润增长率，销售净利率衡量的是文化创意企业销售收入的收益水平，文化创意企业不仅要关注销售收入的增长，而且要注重经营管理改进，净利润的提高。净利润增长率衡量的是文化创意企业实现价值最大化的扩张速度，综合衡量了企业资产运营和管理绩效的未来发展能力。一般来说，净利润增长率越高，代表文化创意企业的未来盈利能力越强，其陷入财务困境的可能性越低。此外，还应关注文化创意企业的无形资产比率情况，文化创意企业以创意为核心，其主要成果以专利和知识产权等无形资产为主，因此，无形资产比重对于文化创意企业的发展至关重要。

在（t-1）年和（t-2）年数据集中，前十大重要特征中，总资产增长率和净资产增长率、净利润增长率属于文化创意企业的成长能力指标，需要重点关注，这一状况也与我国文化创意企业正快速发展息息相关，企业的利益相关者要重点关注这些指标。此外，文化创意企业的资产报酬率、营业利润率和净资产收益率、销售净利率等盈利能力指标，以及资产负债率和流动比率等也是预测企业是否陷入财务困境的重要因素。而市场化指数、审计意见类型和知识产权保护水平是两个数据集中前十大重要特征中的非财务指标。

市场化指数表征着各地的市场化程度和水平，是文化创意企业健康发展的外部环境，一般认为一个地区的市场化水平越高，企业的相关管理制度越健全，企业风险承担能力越强（许志勇等，2020）。因此，各地区应当为本地区文化创意企业的发展营造良好的市场氛围。而当文化创意企业的前两年的财务报表出现"保留意见"等情况下，应重点关注这类企业陷入财务困境的可能性，并及时采取相关措施，避免发生进一步的损失。而知识产权保护水平衡量的是各地对于知识产权的保护状况，文化创意产业的核心产品就是专利和品牌等无形资产，其发展天然与各地知识产权保护水平高度关联，如果一个地区的知识产权保护水平高，那么本地的文化创意产业发展的也相对不会太差（孙午生，2016），因此也需要重点关注这一指标。

四、本章小结

本章针对文化创意企业样本数据不平衡问题以及非财务指标对于预警模型性能的重要性，在引入非财务指标的基础上，结合随机上采样来处理数据不平衡问题进行文化创意企业财务困境预警研究。将人工智能方法引入文化创意企业财务困境预警研究，基于 ROS-RF 模型构建风险预警模型，并将该模型与其他预警模型进行比较，包括传统模型中逻辑回归（LR）模型和其他人工智能模型如人工神经网络（ANN）模型、决策树（DT）模型、随机森林（RF）模型等，观测它们的预警性能。同时对比了引入非财务指标前后模型的性能变化，并探究了各个指标变量对于文化创意企业财务困境预警的重要性程度。

　　相关的实证结果表明：本章构建的 ROS-RF 模型在召回率、F1 得分、Ⅱ 类错误、G-mean 值和 AUC 等多个评价指标上优于传统统计模型和经典的机器学习模型，而在Ⅰ类错误上与其他预警模型相差不大，证明本章提出的针对不平衡数据的 ROS-RF 模型的有效性；在引入非财务指标后，各个模型的相关性能基本上都得到了提升，再次说明非财务指标对于文化创意企业财务困境预警的重要价值。此外，在 ROS-RF 模型中，(t-2) 年的预测性能要明显好于其他年份，其次是 (t-1) 年，结论与前一章基本一致，文化创意企业相关者应重点关注企业前两年的相关指标状况；从特征重要性来看，在 (t-1) 年和 (t-2) 年中，对于文化创意企业财务困境预警较为重要的指标为资产负债率、营业利润率、净资产收益率、总资产增长率、审计意见类型、净资产增长率、流动比率、资产报酬率、知识产权保护水平、市场化指数、销售净利率以及净利率增长率，文化创意企业利益相关者应重点关注这些指标的变化。

第七章　结论与展望

一、研究结论

　　文化创意产业作为我国的战略性新兴产业，能推动我国经济高质量发展，更好满足人民群众日益增长的精神文化需求。但是受限于文化创意企业资产以无形资产为主、市场化改革较晚、规模较小等缺点，文化创意企业往往面临较为严重的财务困境问题。本书以文化创意企业面临的财务困境为研究背景，从企业财务困境现状、企业财务困境预警指标体系、企业财务困境预警模型三个方面对文化创意企业财务困境进行研究。首先分析了文化创意企业的发展特点、财务困境公司特征、财务困境成因以及财务困境的风险特征；其次在已有研究基础上，结合文化创意产业特性，构建文化创意企业财务困境预警指标体系并进行相关统计分析；最后分别构建基于 Logistic 回归模型和 ROS-RF 模型对文化创意企业财务困境进行预警分析。本书所得出的结论主要有以下几个方面：

第一，分析了文化创意企业发展特点，对文化创意企业财务困境公司的特征进行了归纳总结。此外，分析文化创意企业财务困境的成因以及风险特征。通过研究发现：我国文化创意企业以创意、知识等无形资产为核心资产，具有高收益和高风险特征，企业呈现出集聚发展态势，多分布在文化资源较为丰富或经济较为发达的地区，随着数字经济的快速发展，文化创意企业也在加速进行数字化转型。通过文化创意企业财务困境区域分布特点来看，中部地区陷入财务困境的样本比例较高，比重达到了16.28%，西部地区陷入财务困境的样本比例最低约为2.17%，东部地区这一比例居中，约为4.7%。具体到各个省份来看，河北、湖北、青海、新疆以及云南5个省份的文化创意企业陷入财务困境的风险较高，广西、贵州、辽宁、陕西以及西藏5个省份的文化创意企业财务困境属于中风险程度，而北京、上海、福建、广东、浙江等18个省份的文化创意企业财务困境属于低风险程度。从文化创意企业的资产规模来看，10亿元资产规模以下的企业全体陷入财务困境的比例为51.85%，10亿~15亿元资产规模的企业财务困境比例约为5.66%，30亿元以上资产规模的企业财务困境比例最低，约为1.22%，由此看出随着企业资产规模的提升，企业陷入财务困境的可能性则下降。从文化创意企业资产规模的风险等级来看，规模较小的企业陷入财务困境的比例也是风险等级最高的。文化创意企业财务困境的成因可以从宏观经济环境、企业本身的财务相关因素以及内部治理因素等方面进行探析，财务困境风险具有隐蔽性、持续性和波及面较大等特点。

第二，解析了文化创意企业财务困境预警指标体系的设计思路，构建了指标体系的基本结构。针对文化创意企业财务困境预警指标，鉴于以往的指标体系具有过度依赖财务指标、过于全面而缺乏针对性、宏观经济变量较少等缺点，本书在总结相关研究的基础上，将非财务指标纳入企业财务困境预警指标体系中。此外，针对文化创意产业特性，本书将与文化创意企业发展密切相关的指标变量纳入研究中，包括无形资产占比、知识产权保护水平、受过高等教育人数占比等。本书主要通过频次法筛选财务指标，而对于非财务指标的筛选则主要通过参考其他学者的研究。在指标筛选的全面客观性、可操作性、财务指标和非财务指标相结合、指标变量的独立性和针对性等原则的基础上，本书最终选取了 16 个财务指标和 19 个非财务指标。此外，对选择出来的 35 个指标进行描述性统计分析和显著性分析。鉴于文化创意企业陷入财务困境的 t 年之前在企业的相关指标上就会显示出相应迹象，为了更早识别相关的财务困境风险，对 35 个指标变量进一步按照 t-m 年（m=1，2，3，4）分别进行显著性分析，确定那些较为显著的指标。通过显著性分析结果，（t-1）年显著性指标有 28 个，（t-2）年显著性指标有 31 个，（t-3）年显著性指标有 30 个，（t-4）年显著性指标有 29 个。

第三，在文化创意企业财务困境预警的 Logistic 回归模型实证结果中，发现无论是否加入非财务变量，（t-2）年的预警性能是最好的，其次是（t-1）年，而（t-4）年的预警性能最差。加入非财务指标以后，模型在前四年的性能总体上均好于未加入非财务指标前的模型性能，表明非财务指标对于提升文化创意企业财务困境预警模型性能的有效性。为了探究文化创意企业财务困境影响因素的显著性，本书选择预警性能较好的（t-1）年和（t-2）数据进行二元逻辑回归。结果显示：在（t-1）年中，资产报酬率、股权集中度、审计意见类型、流动比率、受过高等教育人数占比、代理成本等对文化创意企业财务困境具有显著影响；在（t-2）年中，资产报酬率、股权集中度、审计意见类型、高管平均学历、GDP 增长率、年报披露时间间隔、无形资产比率等对于文化创意企业财务困境具有显著影响。

第四，基于文化创意企业的 ROS-RF 财务困境预警模型，可以发现，相较于 LR 模型和 RF 等单一模型，结合随机上采样的随机森林模型的性能要更加优越，验证了对于不平衡数据集处理的合理性。ROS-RF 模型在召回率、F1 得分、Ⅱ类错误、G-mean 和 AUC 值等多个指标上均优于 LR 模型、ANN 模型、RF 模型等，而在 Ⅰ类错误上略弱于其他模型，但是对于不平衡数据集，Ⅰ类错误的作用要弱于 Ⅱ类错误；同时，在引入非财务指标后，ROS-RF 模型仍然在多个指标上优于其他模型，且优于未加入非财务指标的 ROS-RF 模型，验证了引入非财务指标对于提升文化创意企业财务困境预警性能的有效性。此外，在 ROS-RF 模型中，（t-2）年的预测性能要明显好于其他年份，其次是（t-1）年，这一结论与前文基本一致，因此，文化创意企业利益相关者应重点关注企业前两年的相关指标状况。从特征重要性来看，在（t-1）年和（t-2）年中，对于文化创意企业财务困境预警较为重要的指标为资产负债率、营业利润率、净资产收益率、总资产增长率、审计意见类型、净资产增长率、流动比率、资产报酬率、知识产权保护水平、市场化指数、销售净利率以及净利润增长率，文化创意企业利益相关者应重点关注这些指标的变化。

二、管理启示

文化创意企业财务困境的识别和预警不仅对企业管理者具有重要意义，

而且对文化创意企业的投资者和政府监管部门等利益相关者相关工作的开展
具有较为重要的意义。本书可以为企业管理者、金融机构等投资者以及政府
部门等利益相关者提供一定的管理启示，以便这些利益相关者及时采取相关
措施和行动避免文化创意企业发展的财务困境给自身带来的不必要损失。

（一）企业层面的启示

从文化创意企业自身来说，要不断改善企业运营管理，保持相关业务的
持续增长，提升企业盈利能力、发展能力以及偿债能力，避免相关财务困境
风险发生的可能性。文化创意企业的核心产品是专利权、版权、品牌商标等
无形资产，因此提高这些无形资产的附加值是增强企业盈利能力的重要途径。
可以通过提升这些无形资产的设计、制作和营销等方面的水平，加强与用户
的沟通协调，不断优化产品的质量和服务来提升用户满意度和忠诚度，进而
增强企业的盈利能力。同时，文化创意企业可以在现有产品线的基础上，开
发出更多种类、更具创新性的产品和服务，满足不同消费者的需求，提升企
业的市场占有率，进而增强盈利能力，从而降低文化创意企业陷入财务困境
的可能性。

文化创意企业的成长能力是企业长期稳定发展的重要保障，同时也是吸
引投资者和合作伙伴的重要因素。文化创意企业应不断优化资产结构，加强
资产管理，提高资产利用效率，提高企业品牌价值和知名度，拓展市场份额
和客户群体，加强人才引进和培养，不断提高员工素质和创新能力，加大研
发投入，不断推陈出新，引领行业潮流，进而提高企业净资产增长率。文化
创意企业也应优化企业经营管理模式，提高企业的运营效率和管理水平，注
重成本控制，优化企业财务管理，提高资产利润率和股东权益比率，进而提

高净利润增长率。此外，文化创意企业还应提高资产配置效率，加强财务管理，全面掌控企业的财务状况，注重技术创新，加快新产品研发和技术转化速度，促进企业总资产增长。总之，提升文化创意企业的成长能力需要从多个角度入手，不断优化企业内部管理和资源配置，加强创新和研发投入，拓展市场份额和客户群体等，从而使企业财务困境的发生率降到最低。

从文化创意企业的偿债能力角度来看，企业管理者应通过优化库存管理、加强对客户的信用管理等方式提高流动资产占比。同时，文化创意企业应减少流动负债占比，通过减少应付账款的余额等方式减少流动负债。通过提高流动比率，文化创意企业可以增强其短期偿债能力，降低财务风险。此外，文化创意企业也可以通过提升资产的使用效率、加强知识产权的管理等方式提高资产质量，减少负债规模、优化负债结构等方式减少负债压力，进而通过降低资产负债率，降低企业债务风险水平，提高财务稳定性，降低企业陷入财务困境的可能性。

（二）投资者层面的启示

对于文化创意企业投资者，规避文化创意企业财务困境的发生可以优化投资决策，减少不必要的投资损失。投资者在选择文化创意企业进行投资时，应充分了解文化创意企业的财务状况，包括资产负债表、利润表、现金流量表等报表中的财务指标，特别是企业净资产增长率、净利润增长率等企业成长能力指标，净资产收益率、营业利润率等盈利能力指标以及流动比率、资产负债率等企业偿债能力指标，特别要关注文化创意企业的审计意见类型。通过深入了解企业的财务状况，可以评估企业的财务风险，避免投资到财务状况不良的企业。此外，文化创意企业的管理能力对于企业的可持续健康发展至关重要。投资者可以通过了解企业的管理团队、企业的管理制度、管理流程等方面，评估企业的管理能力。如果企业的管理能力不足，可能会导致文化创意企业陷入财务困境风险的概率增加。

投资者也可以采取分散投资的策略，避免将所有资金都投入单一的文化创意企业中。通过将资金分散投资到多个文化创意企业中，可以降低投资风险，防止一家企业的财务困境对投资者整个投资组合产生的不利影响。同时，投资者可以寻找有潜力的文化创意企业进行投资，特别是那些市场化水平和知识产权保护水平较高地区的企业。通过对企业的战略规划、市场前景等方面进行深入了解，可以寻找到具有长远发展潜力的企业，避免企业短期内财务困境风险的发生。

此外，对于投资者，可以通过不断完善文化创意企业财务困境预警指标体系，将更多文化创意企业相关的指标纳入预警体系中，进而提升对企业财务困境风险识别的准确性，例如将更多的定性指标、非财务指标纳入指标体系。同时，对于投资者而言，投资决策失误会产生严重损失，尽早发现文化创意企业财务困境风险是一项至关重要的任务，可以重点关注文化创意企业前两年的相关预警指标变动，以免投资企业陷入财务困境，导致投资失败。

(三) 政府部门层面的启示

文化创意企业通常是以知识产权为核心竞争力的企业，因此，知识产权的保护对于企业的发展而言至关重要。政府可以加强文化创意企业知识产权保护力度，加大打击侵犯知识产权的力度，从而降低企业在知识产权保护方面的风险，提高企业的核心竞争能力，减少财务困境发生的可能性。同时，文化创意企业的健康发展需要一个良好的市场环境和市场机制。政府可以采取措施加快文化创意产业市场化改革步伐，为文化创意企业的快速发展营造公平、公正的市场环境，推动社会主义市场机制的完善，鼓励文化创意企业进行市场化运行和创新，从而提高企业的市场竞争力和盈利能力，降低财务困境的发展风险。此外，政府部门要积极构建诚实守信的营商环境，让相关投资者敢于投资文化创意企业，文化创意企业也能够诚实守信地经营和偿还相应债务，避免相关财务困境风险的发生。规范文化创意企业的相关信息披露，确保企业披露的财务数据和非财务数据的真实性和年报披露的及时性，加大对财务数据造假的监督核查力度，对于编造、虚报财务数据的文化创意企业加大惩罚力度，而对于诚实守信经营和依法依规申报企业相关资料的文化创意企业将其列入相关支持措施的白名单，并为其提供融资担保，扶持其发展，监管部门要在制度上保证文化创意企业诚实守信经营的收益大于其作假的收益。

政府可以通过各种形式的政策支持，鼓励文化创意企业进行创新和创业，提高企业的创新能力和竞争力。政府可以通过提供财政补贴、税收减免等支持措施，帮助文化创意企业降低进行产品研发创新的成本，从而提高企业的盈利能力和发展潜力，降低企业财务困境的发生风险。同时，政府可以通过引导财务政策的方式，推动文化创意产业的发展。政府可以加大对文化创意产业的扶持力度，提供产业扶持资金和政策支持，帮助企业提高生产效率和创新能力，降低财务风险，推动文化创意企业的健康发展。

由于与文化创意企业财务困境影响因素相关的数据可能分散在工商、税务、金融机构等多个部门，相关部门之间的信息连通较差，还存在一定的"信息孤岛"现象，各类机构所拥有的数据是在日常经营和管理中形成的，各有不同的特点，而这些数据对于文化创意企业财务困境预警性能具有重要影响。因此，为了增加文化创意企业财务困境预警指标数据的可得性，政府部门可以打破各个部门之间的信息闭环，建立统一的文化创意企业财务困境相关资料数据库，将企业各类信息进行纵向和横向的拓展。这些信息的积累可以为提升文化创意企业财务困境预警性能提供重要的信息来源，为相关部门的决策提供支撑。

三、研究局限与展望

（一）研究局限

虽然本书基本达到了文化创意企业财务困境预警目的，但是由于各种原因，本书仍然存在着一些局限，主要体现在以下三个方面：

第一，本书以文化创意产业上市公司为研究样本而忽略了文化创意企业非上市公司，而大多数文化创意企业规模较小、难以达到上市融资的门槛。因此，本书构建的模型对于未上市的文化创意企业是否能够使用有待进一步检验。

第二，本书构建的文化创意企业财务困境预警指标体系尽管包含了财务变量和非财务变量，但是随着研究的深入，越来越多的学者将企业文本信息、管理层正负面语调等其他企业相关信息纳入预警指标体系中，而受到时间和精力的限制，本书未将此类预警指标纳入。

第三，在研究方法上，尽管本书采用了使用频率较多的 Logistic 回归模型和 RF 模型，但是随着预警模型的发展，越来越多的研究者构建了性能更好的模型，例如更加先进的集成学习模型等。

（二）研究展望

虽然本书对文化创意企业财务困境现状、企业财务困境预警指标体系和预警模型进行了初步探索，但是相关研究仍然存在可以改进的地方，在未来值得进一步研究。主要包括以下四个方面：

第一，本书的研究对象是在沪深 A 股上市的文化创意企业，为了更加全面地验证本书提出的预警模型的有效性，可以通过广泛的调研，收集更多非 A 股上市的文化创意企业相关数据进行验证，验证本书模型的使用性。

第二，在文化创意企业财务困境预警指标体系上，未来可以通过问卷和其他方法收集更多关于文化创意企业财务困境的难以计量的指标变量，以期更加全面地衡量企业的财务困境风险，例如将与文化创意企业发展密切相关的文本信息纳入研究中，以便构建更加完善、全面的指标体系。

第三，在文化创意企业财务困境预警模型上，可以将更多、性能更加优良的预警模型应用到文化创意企业领域，以便企业管理者、投资者以及其他利益相关者进行更好的决策，控制企业财务困境风险的蔓延，促进文化创意企业的可持续健康发展。

第四，在不平衡数据的处理上，未来可以将 SMOTE 和成本敏感等不平衡数据处理方法引入文化创意企业领域，使所构建的预警模型在处理不平衡数据时更加优良。

参考文献

［1］ Abdou, H. A. , Tsafack, M. D. D. , Ntim, C. G. , Baker, R. D. Predicting creditworthiness in retail banking with limited scoring data ［J］. Knowledge-Based Systems, 2016 (103)：89-103.

［2］ Alfaro, E. , García, N. , Gámez, M. , Elizondo, D. Bankruptcy forecasting：An empirical comparison of adaBoost and neural networks ［J］. Decision Support Systems, 2008, 45 (1)：110-122.

［3］ Altman E. I. , Haldeman R. G. , Narayanan, P. Zeta analysis：A new model to identify bankruptcy risk of corporations ［J］. Journal of Banking and Finance, 1977 (10)：29-54.

［4］ Altman, E. I. , Hartzell, J. , Peck, M. , Emerging market corporate bonds-a scoring system ［M］. Emerging Market Capital Flows, Springer, 1998：391-400.

［5］ Altman, E. I. , Hotchkiss, E. Corporate financial distress and bankruptcy：Predict and avoid bankruptcy, analyze and invest in distresseddebt ［M］. New York：John Wiley & Sons, 2005.

［6］ Altman, E. I. Financial ratios, discriminant analysis and the prediction of corporate bankruptcy [J]. The Journal of Finance, 1968, 23 (4): 589-609.

[7] Asquith, P., Gertner, R., Scharfstein, D. Anatomy of financial distress: An examination of junk-bond issuers [J]. The Quarterly Journal of Economics, 1994, 109 (3): 625-658.

[8] Aziz, A., Lawson, G. H. Cash flow reporting and financial distress models: Testing of hypotheses [J]. Financial Management, 1989 (1): 55-63.

[9] Baek, J. -S., Kang, J. -K., Park, K. S. Corporate governance and firm value: Evidence from the Korean financial crisis [J]. Journal of Financial Economics, 2004, 71 (2): 265-313.

[10] Ball, R., Foster, G. Corporate financial reporting: A methodological review of empirical research [J]. Journal of Accounting Research, 1982 (1): 161-234.

[11] Beaver, W. H. Financial ratios as predictors of failure [J]. Journal of Accounting Research, 1966 (1): 71-111.

[12] Blagus, R., Lusa, L. SMOTE for high-dimensional class-imbalanced data [J]. BMC Bioinformatics, 2013, 14 (1): 1-16.

[13] Breiman, L. Random forests [J]. Machine Learning, 2001, 45 (1): 5-32.

[14] Caves, R. E. Creative industries: Contracts between art and commerce [M]. Cambridge: Harvard University Press, 2000.

[15] Charitou, A., Neophytou, E., Charalambous, C. Predicting corporate failure: Empirical evidence for the UK [J]. European Accounting Review, 2004, 13 (3): 465-497.

［16］Chava, S. , Jarrow, R. A. Bankruptcy prediction with industry effects ［J］. Review of Finance, 2004, 8 (4): 537-569.

［17］Chen, C. , Kieschnick, R. Bank credit and corporate working capital management ［J］. Journal of Corporate Finance, 2018 (48): 579-596.

［18］Chen, M. - Y. Predicting corporate financial distress based on integration of decision tree classification and logistic regression ［J］. Expert Systems with Applications, 2011, 38 (9): 11261-11272.

［19］Chen, N. , Ribeiro, B. , Chen, A. Financial credit risk assessment: A recent review ［J］. Artificial Intelligence Review, 2016 (45): 1-23.

［20］Chu, S. , Gao, C. Intellectual property protection and creative enterprises' investment efficiency: Alleviating financing constraints or inhibiting agency problem? ［J］. Asia-Pacific Journal of Accounting & Economics, 2019, 26 (6): 747-766.

［21］Coats, P. K. , Fant, L. F. Recognizing financial distress patterns using a neural network tool ［J］. Financial Management, 1993 (1): 142-155.

［22］Department for Diqital, Culture, Media & Sport. Creative industries mapping document 2001 ［EB/OL］. https://www. gov. uk/government/publications/creative-industries-mapping-documents-2001.

［23］Dimitras, A. I. , Zanakis, S. H. , Zopounidis, C. A survey of business failures with an emphasis on prediction methods and industrial applications ［J］. European Journal of Operational Research, 1996, 90 (3): 487-513.

［24］Ding, Y. , Song, X. , Zen, Y. Forecasting financial condition of Chinese listed companies based on support vector machine ［J］. Expert Systems with

Applications, 2008, 34 (4): 3081-3089.

[25] Doğan, S. , Koçak, D. , Atan, M. Financial distress prediction using support vector machines and logistic regression [M]. Advances in Econometrics, Operational Research, Data Science and Actuarial Studies: Techniques and Theories, Springer, 2022: 429-452.

[26] Duffie, D. , Saita, L. , Wang, K. Multi-period corporate default prediction with stochastic covariates [J]. Journal of Financial Economics, 2007, 83 (3): 635-665.

[27] Elahi, E. Risk management: The next source of competitive advantage [J]. Foresight, 2013, 15 (2): 117-131.

[28] Emblemsvag, J. The augmented subjective risk management process [J]. Management Decision, 2010, 48 (2): 248-259.

[29] Figlewski, S. , Frydman, H. , Liang, W. Modeling the effect of macroeconomic factors on corporate default and credit rating transitions [J]. International Review of Economics & Finance, 2012, 21 (1): 87-105.

[30] Fitzpatrick. A comparison of the ratios of successful industrial enterprises with those of failed companies [J]. The Certified Public Accountant, 1931 (1): 598-731.

[31] Foreman, R. D. A logistic analysis of bankruptcy within the US local telecommunications industry [J]. Journal of Economics and Business, 2003, 55 (2): 135-166.

[32] Galar, M. , Fernández, A. , Barrenechea, E. , Herrera, F. EUSBoost: Enhancing ensembles for highly imbalanced data-sets by evolutionary undersampling

［J］. Pattern Recognition, 2013, 46（12）: 3460-3471.

［33］ Geng, R., Bose, I., Chen, X. Prediction of financial distress: An empirical study of listed Chinese companies using data mining ［J］. European Journal of Operational Research, 2015, 241（1）: 236-247.

［34］ Gepp, A., Kumar, K. Predicting financial distress: A comparison of survival analysis and decision tree techniques ［J］. Procedia Computer Science, 2015（54）: 396-404.

［35］ Gleason, J. Risk management: The vision and the reality ［J］. RMA Journal, 2001, 83（6）: 28-32.

［36］ Gwee, J. Innovation and the creative industries cluster: A case study of Singapore's creative industries ［J］. Innovation, 2009, 11（2）: 240-252.

［37］ He, J. Creative industry districts: An analysis of dynamics, networks and implications on creative clusters in Shanghai ［M］. Berlin: Springer, 2013.

［38］ Hensher, D. A., Jones, S., Greene, W. H. An error component logit analysis of corporate bankruptcy and insolvency risk in Australia ［J］. Economic Record, 2007, 83（260）: 86-103.

［39］ Higson, C., Rivers, O., Deboo, M. Creative financing ［J］. Business Strategy Review, 2007, 18（4）: 49-53.

［40］ Hill, N. T., Perry, S. E., Andes, S. Evaluating firms in financial distress: An event history analysis ［J］. Journal of Applied Business Research（JABR）, 1996, 12（3）: 60-71.

［41］ Howkins, J. The creative economy: How people make money from ideas ［M］. Berlin: Penguin UK, 2002.

［42］Jabeur, S. B. , Fahmi, Y. Forecasting financial distress for French firms: A comparative study ［J］. Empirical Economics, 2018, 54 （3）: 1173-1186.

［43］Jabeur, S. B. , Gharib, C. , Mefteh-Wali, S. , Arfi, W. B. CatBoost model and artificial intelligence techniques for corporate failure prediction ［J］. Technological Forecasting and Social Change, 2021 （166）: 120658.

［44］Janitza, S. , Strobl, C. , Boulesteix, A. -L. An AUC-based permutation variable importance measure for random forests ［J］. BMC Bioinformatics, 2013, 14 （1）: 1-11.

［45］Jo, N. -o. , Shin, K. -s. Bankruptcy prediction modeling using qualitative information based on big data analytics ［J］. Journal of Intelligence and Information Systems, 2016, 22 （2）: 33-56.

［46］Kam, A. , Citron, D. B. , Muradoglu, Y. G. The characteristics of corporate distress in an emerging market: The case of China ［J］. Social Science Electronic Publishing, 2005, 36 （11）: 1462-1468.

［47］Kim, H. , Gu, Z. A logistic regression analysis for predicting bankruptcy in the hospitality industry ［J］. The Journal of Hospitality Financial Management, 2006, 14 （1）: 17-34.

［48］Laitinen, E. K. , Chong, H. G. Early-warning system for crisis in SMEs: Preliminary evidence from Finland and the UK ［J］. Journal of Small Business and Enterprise Development, 1999, 6 （1）: 89-102.

［49］Lampel, J. , Lant, T. , Shamsie, J. Balancing act: Learning from organizing practices in cultural industries ［J］. Organization Science, 2000, 11

（3）：263-269.

[50] Lane, W. R. , Looney, S. W. , Wansley, J. W. An application of the cox proportional hazards model to bank failure [J]. Journal of Banking & Finance, 1986, 10 （4）：511-531.

[51] Lee, N. , Drever, E. The creative industries, creative occupations and innovation in London [J]. European Planning Studies, 2013, 21 （12）：1977-1997.

[52] Li, H. , Sun, J. Forecasting business failure：The use of nearest - neighbour support vectors and correcting imbalanced samples—Evidence from the Chinese hotel industry [J]. Tourism Management, 2012, 33 （3）：622-634.

[53] Li, Z. , Crook, J. , Andreeva, G. Chinese companies distress prediction：An application of data envelopment analysis [J]. Journal of the Operational Research Society, 2014 （65）：466-479.

[54] Liang, D. , Lu, C. -C. , Tsai, C. -F. , Shih, G. -A. Financial ratios and corporate governance indicators in bankruptcy prediction：A comprehensive study [J]. European Journal of Operational Research, 2016, 252 （2）：561-572.

[55] Manzaneque, M. , Priego, A. M. , Merino, E. Corporate governance effect on financial distress likelihood：Evidence from Spain [J]. Revista de Contabilidad, 2016, 19 （1）：111-121.

[56] Markusen, A. , Wassail, G. H. , DeNatale, D. , Cohen, R. Defining the creative economy：Industry and occupational approaches [J]. Economic Development Quarterly, 2008, 22 （1）：24-45.

［57］Martin, A. D. , Nishikawa, T. , Williams, M. A. CEO gender：Effects on valuation and risk ［J］. Quarterly Journal of Finance and Accounting, 2009 (1)：23-40.

［58］Martin, D. Early warning of bank failure：A logit regression approach ［J］. Journal of Banking & Finance, 1977, 1 (3)：249-276.

［59］Moreno, I. , Parrado-Martínez, P. , Trujillo-Ponce, A. Using the Z-score to analyze the financial soundness of insurance firms ［J］. European Journal of Management and Business Economics, 2022, 31 (1)：22-39.

［60］Mossig, I. Regional employment growth in the cultural and creative industries in Germany 2003 - 2008 ［J］. European Planning Studies, 2011, 19 (6)：967-990.

［61］Mueller, K. , Rammer, C. , Trueby, J. The role of creative industries in industrial innovation ［J］. Innovation-Management Policy & Practice, 2009, 11 (2)：148-168.

［62］Oakley, K. Include us out-economic development and social policy in the creative industries ［J］. Cultural Trends, 2006, 15 (4)：255-273.

［63］Odom, M. D. , Sharda, R. A neural network model for bankruptcy prediction ［C］ // 1990 IJCNN international joint conference on neural networks. New York：IEEE, 1990：163-168.

［64］Ohlson, J. A. Financial ratios and the probabilistic prediction of bankruptcy ［J］. Journal of Accounting Research, 1980 (1)：109-131.

［65］Olson, D. L. , Delen, D. , Meng, Y. Comparative analysis of data mining methods for bankruptcy prediction ［J］. Decision Support Systems, 2012,

52 (2): 464-473.

[66] Patrick, P. A comparison of ratios of successful industrial enterprises with those of failed firms [J]. Certified Public Accountant, 1932 (2): 598-605.

[67] Platt, H., Platt, M. Predicting corporate financial distress: Reflections on choice-based sample bias [J]. Journal of Economics and Finance, 2002, 26 (2): 184-199.

[68] Pyle, D. H. Bank risk management: Theory [M]. Risk management and regulation in banking, Springer, 1999: 7-14.

[69] Scott, J. The probability of bankruptcy: A comparison of empirical predictions and theoretical models [J]. Journal of Banking & Finance, 1981, 5 (3): 317-344.

[70] Shin, K. -S., Lee, T. S., Kim, H. -j. An application of support vector machines in bankruptcy prediction model [J]. Expert Systems with Applications, 2005, 28 (1): 127-135.

[71] Shumway, T. Forecasting bankruptcy more accurately: A simple hazard model [J]. The Journal of Business, 2001, 74 (1): 101-124.

[72] Theodossiou, P. Alternative models for assessing the financial condition of business in Greece [J]. Journal of Business Finance and Accounting, 1991, 18 (5): 697-720.

[73] Throsby, D. Economics and culture [M]. Cambridge: Cambridge University Press, 2001.

[74] Tinoco, M. H., Holmes, P., Wilson, N. Polytomous response financial distress models: The role of accounting, market and macroeconomic variables

[J]. International Review of Financial Analysis, 2018 (59): 276-289.

[75] Tinoco, M. H., Wilson, N. Financial distress and bankruptcy prediction among listed companies using accounting, market and macroeconomic variables [J]. International Review of Financial Analysis, 2013 (30): 394-419.

[76] Towse, R. Creativity, copyright and the creative industries paradigm [J]. Kyklos, 2010, 63 (3): 461-478.

[77] Wang, G., Chen, G., Chu, Y. A new random subspace method incorporating sentiment and textual information for financial distress prediction [J]. Electronic Commerce Research and Applications, 2018 (29): 30-49.

[78] Wax, Y. Collinearity diagnosis for a relative risk regression analysis: An application to assessment of diet-cancer relationship in epidemiological studies [J]. Statistics in Medicine, 1992, 11 (10): 1273-1287.

[79] Xie, C., Luo, C., Yu, X. Financial distress prediction based on SVM and MDA methods: The case of Chinese listed companies [J]. Quality & Quantity, 2011 (45): 671-686.

[80] Xu, W., Xiao, Z., Dang, X., Yang, D., Yang, X. Financial ratio selection for business failure prediction using soft set theory [J]. Knowledge-Based Systems, 2014 (63): 59-67.

[81] Zang, Z., Zhu, Q., Mogorrón-Guerrero, H. How does R&D investment affect the financial performance of cultural and creative enterprises? The moderating effect of actual controller [J]. Sustainability, 2019, 11 (2): 297.

[82] Zavgren, C. The prediction of corporate failure: The state of the art [J]. Journal of Accounting Literature, 1983, 2 (1): 1-38.

［83］Zhang, L. , Altman, E. I. , Yen, J. Corporate financial distress diagnosis model and application in credit rating for listing firms in China ［J］. Frontiers of Computer Science in China，2010，4（2）：220-236.

［84］Zmijewski, M. E. Methodological issues related to the estimation of financial distress prediction models ［J］. Journal of Accounting Research，1984（1）：59-82.

［85］鲍新中，陶秋燕，傅宏宇. 基于变量聚类和 COX 比例风险模型的企业财务预警研究 ［J］. 系统管理学报，2015，24（4）：517-523+529.

［86］蔡兴林，张高雅. 中国体育用品上市公司财务风险状况评估与预警研究——基于 2009~2016 年财务数据 ［J］. 西安体育学院学报，2019，36（3）：282-289.

［87］曹如中，张阳，胡燕玲，郭华. 长三角城市群文化创意产业空间集聚及影响效应研究 ［J］. 丝绸，2022，59（8）：79-89.

［88］曹祎遐，耿昊裔. 上海创意设计与制造业融合发展研究 ［J］. 华东师范大学学报（哲学社会科学版），2017，49（4）：137-144+165.

［89］曹元坤，王光俊. 企业风险管理发展历程及其研究趋势的新认识［J］. 当代财经，2011（1）：85-92.

［90］陈静. 上市公司财务恶化预测的实证分析 ［J］. 会计研究，1999（4）：32-39.

［91］陈欣欣，郭洪涛. 因子分析和 Logistic 回归在农业上市公司财务预警中的联合运用 ［J］. 数理统计与管理，2022，41（1）：11-24.

［92］陈延林，吴晓. A 股上市公司 ST 风险预警——基于 KMV 模型的大样本经验实证 ［J］. 华南师范大学学报（社会科学版），2014，210（4）：

92-99+182.

[93] 陈业华, 梁丽转. 基于 SEM 的文化创意产业投融资风险因素研究 [J]. 科学决策, 2012 (7): 67-80.

[94] 陈禹, 罗子欣. 现代文化产业的普惠型互联网金融支持 [J]. 社会科学家, 2016 (5): 50-54.

[95] 陈运森, 邓祎璐, 李哲. 非处罚性监管具有信息含量吗?——基于问询函的证据 [J]. 金融研究, 2018 (4): 155-171.

[96] 程素云, 胡进. 传媒行业上市公司股权结构与公司绩效的实证分析 [J]. 财会月刊, 2017 (24): 31-38.

[97] 迟国泰, 章彤, 张志鹏. 基于非平衡数据处理的上市公司 ST 预警混合模型 [J]. 管理评论, 2020, 32 (3): 3-20.

[98] 初旭, 周杰. 董事会治理对文化创意型上市公司经营绩效的影响研究 [J]. 科学学与科学技术管理, 2013, 34 (5): 126-133.

[99] 褚杉尔, 高长春, 高晗. 企业家社会资本、融资约束与文化创意企业创新绩效 [J]. 财经论丛, 2019, 251 (10): 53-63.

[100] 丁晓蔚. 对我国传媒业投融资风险管理的思考 [J]. 中国出版, 2018 (18): 21-24.

[101] 方匡南, 吴见彬, 朱建平, 谢邦昌. 信贷信息不对称下的信用卡信用风险研究 [J]. 经济研究, 2010, 45 (S1): 97-107.

[102] 冯朝军. 出版企业构建财务风险预警机制的方法探究 [J]. 出版科学, 2017, 25 (3): 37-40.

[103] 高燕, 杜玥, 曾森. 基于 BP 神经网络的制造企业财务风险预警研究 [J]. 会计之友, 2023, 697 (1): 62-70.

［104］高长春，江瑶．知识产权保护能否促进文化产业集聚？——基于安徽省的实证分析［J］．科技管理研究，2016，36（24）：126-130．

［105］龚志文，吴越，喻婉芳．知识产权质押融资合作机制演化博弈研究——以文化创意企业为例［J］．价格理论与实践，2021（2）：132-135+169．

［106］谷永芬，王晓东，张佑林．信贷支持与文化创意产业生命周期及绩效关系研究［J］．江西社会科学，2020，40（8）：29-38+254．

［107］顾晓安，王炳蕲，李文卿．Logistic 财务预警模型预警正确率提升研究——引入盈余管理变量的分析［J］．南京审计大学学报，2018，15（4）：45-52．

［108］关欣，王征．基于 Logistic 回归和 BP 神经网络的财务预警模型比较［J］．统计与决策，2016，461（17）：179-181．

［109］郭洪豹，张捷．"文化创意产业+乡村振兴"融合发展路径探讨［J］．山西财经大学学报，2022，44（S1）：45-47．

［110］郭娅丽．版权质押融资的实践困境及制度破解［J］．知识产权，2017（1）：105-108．

［111］郭园，时新．中外文化创意微型企业协同创新应用［J］．企业经济，2015（6）：60-64．

［112］韩飞，田昆儒．内部控制、盈余管理与财务舞弊——基于文化创意产业上市公司的经验证据［J］．西南民族大学学报（人文社会科学版），2017，38（11）：124-131．

［113］韩立岩，宋晓东，姚伟龙．基于改进支持向量机的上市公司财务困境判别研究［J］．管理评论，2011，23（5）：113-118+128．

[114] 侯旭华，彭娟．基于熵值法和功效系数法的互联网保险公司财务风险预警研究［J］．财经理论与实践，2019，40（5）：40-46.

[115] 胡胜，雷欢欢，胡华强．基于 Logistic 模型的我国房地产企业信用风险度量研究［J］．中国软科学，2018，336（12）：157-164.

[116] 胡意，邹倩瑜，郑宏松．高新技术企业运行发展预警模型研究——以湛江市高新技术企业为例［J］．科技管理研究，2020，40（5）：89-97.

[117] 黄虹，徐庆根，张奕倩，史惠文．基于 KPCA 降维的 Weight-LSS-VM 财务危机预警模型［J］．统计与决策，2020，36（20）：180-184.

[118] 黄晓波，王慧．从公司治理视角看农业上市公司财务风险［J］．财会月刊，2017（2）：47-54.

[119] 霍源源，姚添译，李江．基于 Probit 模型的中国制造业企业信贷风险测度研究［J］．预测，2019，38（4）：76-82.

[120] 江瑶，高长春．中国创意产业空间集聚与企业绩效的实证分析［J］．研究与发展管理，2018，30（2）：61-70.

[121] 姜玲，王丽龄．文化创意产业集聚效益分析——以北京市文化创意产业发展为例［J］．中国软科学，2016（4）：176-183.

[122] 蒋亚奇．基于多元 Probit 模型的上市旅游公司的财务预警［J］．统计与决策，2014，399（3）：181-183.

[123] 金元浦．当代世界创意产业的概念及其特征［J］．电影艺术，2006（3）：5-10.

[124] 雷宇．诚信、亏损与年报披露的及时性［J］．财贸研究，2014，25（5）：130-137.

［125］雷振，龚光明，徐莉萍．外汇风险敞口、股权集中度与财务风险——基于出口上市公司的实证研究［J］．财经理论与实践，2017，38（5）：79-85．

［126］李兰云，王宗浩，阚立娜．内部控制与企业社会责任履行——基于代理成本的中介效应检验［J］．南京审计大学学报，2019，16（1）：28-36．

［127］李丽莉，梅燕，张忠根．互联网普及、市场分割与农民经营性收入［J］．商业经济与管理，2022（7）：18-28．

［128］李琳．上市公司"吹牛上税"了吗——来自财务舞弊与税收激进关系的证据［J］．山西财经大学学报，2022，44（4）：84-98．

［129］李清，刘金全．基于案例推理的财务危机预测模型研究［J］．经济管理，2009，31（6）：123-131．

［130］李伟娟，魏振香．基于熵—生态位理论的黄河三角洲文化创意产业竞争力评价［J］．企业经济，2016（8）：134-138．

［131］李燕，安烨．文化创意上市企业无形资产资本化、融资能力与经济绩效［J］．商业研究，2018，494（6）：143-150．

［132］李颖，侯淑华，吴函雷．文化创意产业上市公司女性高管对企业绩效的影响［J］．财经科学，2016（10）：91-99．

［133］厉无畏，王慧敏，创意产业新论［M］．北京：东方出版社，2009．

［134］梁明江，庄宇．集成学习方法在企业财务危机预警中的应用［J］．软科学，2012，26（4）：114-117．

［135］梁琪，过新伟，石宁．我国中小上市公司财务失败预警研究——

基于财务指标和公司治理指标的综合考察［J］.经济管理，2012，34（3）：123-132.

［136］刘键，白素霞.中国数字创意产业竞争力分析及发展对策研究［J］.宏观经济研究，2021，276（11）：70-78+138.

［137］刘利永，张京成，黄琳.文化创意产业的本质特征与实践误区［J］.中国软科学，2010（S2）：240-244.

［138］刘亚军.文化创意产业的知识产权保护［J］.社会科学辑刊，2015（3）：60-65.

［139］刘洋.基于不平衡数据集的机器学习算法研究［J］.统计与决策，2019，35（12）：19-21.

［140］刘奕.文化创意产业：内涵、效应与政策［J］.中共中央党校学报，2012，16（3）：86-90.

［141］刘云菁，伍彬，张敏.上市公司财务舞弊识别模型设计及其应用研究——基于新兴机器学习算法［J］.数量经济技术经济研究，2022，39（7）：152-175.

［142］柳执一.“文化+科技”的破壁创新及融合发展［J］.人民论坛，2019（35）：138-139.

［143］卢永艳.宏观经济因素对企业财务困境风险影响的实证分析［J］.宏观经济研究，2013（5）：53-58.

［144］路军.女性高管抑制上市公司违规了吗？——来自中国资本市场的经验证据［J］.中国经济问题，2015（5）：66-81.

［145］马苹.区域文化产业创新发展模式研究——以大连市为例［J］.辽宁大学学报（哲学社会科学版），2019，47（6）：67-75.

［146］孟杰．随机森林模型在财务失败预警中的应用［J］．统计与决策，2014（4）：179-181.

［147］潘爱玲，于明涛．文化企业高管团队特征与财务绩效关系的实证研究［J］．广东社会科学，2013（5）：5-14.

［148］潘玉香，孟晓咪，赵梦琳．文化创意企业融资约束对投资效率影响的研究［J］．中国软科学，2016，308（8）：127-136.

［149］潘玉香，杨悦，魏亚平．文化创意企业管理者特征与投资决策关系的研究［J］．中国软科学，2015，291（3）：172-181.

［150］潘泽清．企业债务违约风险 Logistic 回归预警模型［J］．上海经济研究，2018（8）：73-83.

［151］彭祝斌，谢莹．小微文化企业融资信息支撑体系建设研究［J］．同济大学学报（社会科学版），2016，27（3）：35-40.

［152］平瑞，周水生，李冬．高度不平衡数据的代价敏感随机森林分类算法［J］．模式识别与人工智能，2020，33（3）：249-257.

［153］荣跃明．超越文化产业：创意产业的本质与特征［J］．毛泽东邓小平理论研究，2004（5）：18-24.

［154］石峰，胡燕．中国企业景气指数与企业家信心指数预测［J］．统计与决策，2021，37（3）：41-45.

［155］史跃峰，朱映凤，刘立安．艺术品融资风险管理的创新：基于预收购机制［J］．财经科学，2021（11）：25-35.

［156］宋明哲．现代风险管理［M］．北京：中国纺织出版社，2003.

［157］宋宇，秦学志，李鸿禧．基于 Cox 回归的中小企业财务预警模型及实证［J］．管理现代化，2019，39（1）：108-110.

[158] 孙灏，朱晓谦，李建平．考虑财务报告中文本风险信息的财务困境预测［J］．系统管理学报，2022，31（6）：1204-1215.

[159] 孙彤，袁利，沈小秀．媒体关注对企业非效率投资影响的实证［J］．统计与决策，2019，35（15）：185-188.

[160] 孙午生．论版权保护制度与文化创意产业的发展［J］．法学杂志，2016，37（10）：88-94.

[161] 孙正浩．出版企业财务风险管理探究［J］．出版发行研究，2017（8）：27-30.

[162] 谭超．文化企业融资风险的识别、度量与预警研究［D］．中国财政科学研究院，2016.

[163] 唐建新，郭寒．内部治理对财务困境预测的影响研究——基于中国制造业上市公司的经验证据［J］．郑州大学学报（哲学社会科学版），2018，51（1）：52-58.

[164] 田宝新，王建琼．基于财务与非财务要素的上市公司财务困境预警实证研究［J］．金融评论，2017，9（5）：103-115+126.

[165] 汪方军，常华，罗祯．公司绩效、财务风险与年报披露及时性的相关性研究——来自我国能源类上市公司的证据［J］．管理学报，2008，26（5）：769-772.

[166] 王大为，魏亚平．文化创意产业企业融资困境及对策［J］．东南大学学报（哲学社会科学版），2015，17（S1）：25-26.

[167] 王冬梅，胡占，游朝阳．暴风集团轻资产转型的财务风险评价［J］．管理评论，2018，30（7）：245-259.

[168] 王慧敏．文化创意产业集聚区发展的 3.0 理论模型与能级提

升——以上海文化创意产业集聚区为例［J］.社会科学，2012（7）：31-39.

［169］王健.基于钻石模型下藏族文化创意产业竞争力评价［J］.贵州民族研究，2016，37（1）：109-112.

［170］王帅，张友祥.互联网驱动下我国文化产业融资模式探讨［J］.税务与经济，2016（2）：29-33.

［171］王小鲁，樊纲，余静文，中国分省份市场化指数报告（2016）［M］.北京：社会科学文献出版社，2017.

［172］王小燕，张中艳.带网络结构的自适应 Lasso 财务风险预警模型［J］.数理统计与管理，2021，40（5）：888-900.

［173］王毅，廖卓娴.湖南文化创意产业园区发展分析与建设路径［J］.经济地理，2019，39（2）：215-223.

［174］王玉龙，周榴，张涤霏.企业债务违约风险预测——基于机器学习的视角［J］.财政科学，2022，78（6）：62-74.

［175］王昱，杨珊珊.考虑多维效率的上市公司财务困境预警研究［J］.中国管理科学，2021，29（2）：32-41.

［176］王竹泉，张晓涵.资金供求关系视角下的财务困境预警研究［J］.会计与经济研究，2021，35（6）：21-36.

［177］王宗胜，尚姣姣.我国制造业上市公司财务困境预警分析［J］.统计与决策，2015，423（3）：174-177.

［178］魏和清，李颖.中国省域文化产业集聚的空间特征及影响因素分析［J］.统计与决策，2021，37（16）：66-70.

［179］魏亚平，陈燕飞.文化创意企业研发投资决策与研发绩效实证研究——基于研发周期视角［J］.科技进步与对策，2015，32（3）：103-108.

［180］吴丹丹，马仁锋，张悦，金邑霞，赵一然.杭州文化创意产业集聚特征与时空格局演变［J］.经济地理，2018，38（10）：127-135.

［181］吴泓，张慧芹，黄贝欣.中国文化创意企业经营绩效分析——基于 A 股上市公司面板数据的实证研究［J］.现代经济探讨，2018（12）：78-83.

［182］吴世农，卢贤义.我国上市公司财务困境的预测模型研究［J］.经济研究，2001（6）：46-55+96.

［183］夏恩君，桑珊飞.我国文化创意产业竞争力水平分析［J］.中国统计，2015（6）：53-54.

［184］谢赤，罗长青，王蓓.财务困境预警 SVM 模型的构建及实证研究［J］.当代经济科学，2007，154（6）：96-100+125-126.

［185］熊正德.文化创意产业能助推经济发展方式转变吗？——以湖南省为例［J］.吉首大学学报（社会科学版），2018，39（5）：37-44+145.

［186］徐志武.我国出版上市公司董事会结构与经济绩效关系研究［J］.湘潭大学学报（哲学社会科学版），2019，43（3）：177-181.

［187］许志勇，胡伟，邓青，邓超.企业金融化、市场化进程与风险承担［J］.中国软科学，2020，358（10）：165-174.

［188］闫达文，李存，迟国泰.基于混频数据的中国上市公司财务困境动态预测研究［J］.中国管理科学，2022（1）：1-14.

［189］严复海，党星，颜文虎.风险管理发展历程和趋势综述［J］.管理现代化，2007（2）：30-33.

［190］杨柏辰，张怡，郭炜.基于 Logistic 回归模型的企业财务风险诊断研究［J］.系统科学学报，2021，29（3）：84-87.

[191] 杨贵军，孙玲莉，周亚梦，石玉慧. 基于修正 Benford 律的财务危机预警 Logistic 模型及其应用 [J]. 数理统计与管理，2021，40（4）：585-595.

[192] 杨贵军，周亚梦，孙玲莉. 基于 Benford-Logistic 模型的企业财务风险预警方法 [J]. 数量经济技术经济研究，2019，36（10）：149-165.

[193] 杨华领，马云飙. 上市公司内部人减持影响审计收费吗 [J]. 会计研究，2021（12）：175-188.

[194] 杨秀端，卢月根，贾强. 出版企业财务风险预警系统的建立 [J]. 财务与会计，2015（10）：71-73.

[195] 杨萱. 我国出版企业高管团队特征与企业绩效关系研究——基于出版业上市公司的经验数据 [J]. 编辑之友，2016（7）：34-38.

[196] 姚德权，戴烨. 中小制片企业融资效率及其影响因素研究 [J]. 现代传播（中国传媒大学学报），2020，42（11）：124-130.

[197] 叶前林，刘海玉，朱文兴. 区域文化创意产业集聚水平测度及影响因素分析 [J]. 统计与决策，2022，38（4）：84-87.

[198] 尹夏楠，明华，耿建芳. 高管薪酬激励对企业资源配置效率的影响研究——基于产权性质和行业异质性视角 [J]. 中国软科学，2021（S1）：260-267.

[199] 游达明，刘亚庆. Z 值财务预警模型在交通运输业的修正与应用 [J]. 华东经济管理，2015，29（7）：9-13+185.

[200] 张弘，昝杨杨. 文化创意产业融合发展影响因素与对策分析——以北京市为例 [J]. 商业经济研究，2017（23）：182-184.

[201] 张继勋，周冉，孙鹏. 内部控制披露、审计意见、投资者的风险

感知和投资决策：一项实验证据 [J]. 会计研究，2011（9）：66-73.

[202] 张庆龙，邢春玉，张延彪，何佳楠. 上市公司财务违规特征分析及预测研究——基于企业画像和机器学习的经验证据 [J]. 审计研究，2023，232（2）：73-87.

[203] 张苏缘，顾江. 文化产业集聚如何赋能区域产业结构升级——基于城市品牌的中介效应分析 [J]. 江苏社会科学，2022（5）：172－181＋243-244.

[204] 张向前，陈娜. 基于风险管理理论的创新型人才流动管理研究——以海西经济区为例 [J]. 科技进步与对策，2015，32（18）：145-149.

[205] 张妍妍，吴乔. 基于 Probit 模型的中国上市公司退市风险预警研究 [J]. 贵州财经学院学报，2011，150（1）：46-50.

[206] 章之旺，吴世农. 经济困境、财务困境与公司业绩——基于 A 股上市公司的实证研究 [J]. 财经研究，2005（5）：112-122.

[207] 甄烨. 文化创意企业融资创新模式研究 [D]. 山西师范大学，2017.

[208] 郑奇洋，年福华，张海萍. 基于 VRIO 修正模型的长三角文化产业竞争力评价 [J]. 地域研究与开发，2021，40（1）：44-49.

[209] 周首华，杨济华，王平. 论财务危机的预警分析——F 分数模式 [J]. 会计研究，1996（8）：8-11.

[210] 周晓光，官玥，黄晓霞. 文化创意产业债务融资结构的影响因素研究——基于 2012～2016 年上市公司的面板数据 [J]. 运筹与管理，2018，27（12）：125-132.

[211] 朱云杰，曹思依，孟晓非. 政府补贴对我国上市文化创意企业的

创新绩效影响研究 [J]. 同济大学学报（社会科学版），2021，32（5）：47-54.